WEINWANDERWEGE
IN DER SCHWEIZ

Claudia

vielleicht eine kleine
Anregung für
Kommende
"Kopf-Frei & Genuss"
Touren.

Olivia

2008

Elsbeth Hobmeier
Beat Koelliker

WEINWANDERWEGE IN DER SCHWEIZ

Dreiseenland, Genfersee, Wallis

AT Verlag

2. Auflage, 2006

AT Verlag, Baden und München
Fotos: Seite 96 Edouard Baumgartner, alle übrigen
Elsbeth Hobmeier und Beat Koelliker
Kartenausschnitte: Stefan Keller, Zollikofen
Lithos: AZ Print, Aarau
Druck und Bindearbeiten: AZ Druck und Datentechnik, Kempten
Printed in Germany

ISBN 3-85502-867-2

www.at-verlag.ch

Inhalt

Vorwort

Wandern, wo der Wein wächst

22 Wanderungen durch die Weinregionen der Westschweiz

Der Weinstock verzaubert jede Landschaft. Er gibt der Region der Juraseen eine eigene Poesie, lässt den Genfersee hell und weit, die steinigen Hänge der Walliser Berge lieblich erscheinen. Wer hier wandert, spürt diesen Zauber auch an sich selbst – die Schritte werden leichter, der Blick freier.

Weinlandschaften besitzen oft eine lange Tradition, sie erzählen Geschichte und Geschichten. Meist reichen ihre Ursprünge bis zu den Römern zurück. Sie waren es, die die Rebe bei uns einführten. Später haben mittelalterliche Mönche und reiche Patrizier ihre Spuren hinterlassen, aber auch Generationen armer Weinbauern mit ihrer entsagungsvollen Arbeit im Weinberg.

Die 22 Wanderungen in diesem Buch erschliessen dem Wanderlustigen den Zauber der Weinlandschaften in der Westschweiz mit ihrem ganzen kulturellen Reichtum. Sie führen ihn durch die Weinregionen vom Dreiseenland am Fusse des Jura über den Genfersee bis ins Wallis, sie begleiten ihn zu Aussichtspunkten, in malerische Dörfer, zu versteckten Burgen und herrschaftlichen Schlössern. Selbst Kuriositäten wie eine Straussenfarm am Weg oder ein von Obelix vergessener Hinkelstein werden erwähnt. Immer aber steht der Wein im Mittelpunkt: die Rebsorten, der Boden, die Traditionen und natürlich die besonderen Lagen mit ihren Weinen.

Die 22 Wanderungen verstehen sich als Vorschläge, die dem Leser auch Raum lassen für eigene Umwege und Abkürzungen. Ein separater Abschnitt «Seitensprünge» regt zu Extratouren an, die auch einmal gar nichts mit Wein zu tun haben können. Viele Wanderungen sind zudem kombinierbar: Man kann einzelne Wanderungen zusammenlegen, so kann man etwa die Weinberge des Wallis in vier Tagen bequem durchwandern, oder auch nur einzelne Abschnitte herauspicken. Für beide Varianten findet der Leser alle nötigen Informationen.

Nun bleibt uns nur noch, Ihnen abwechslungsreiche, angenehme und anregende Ausflüge durch die Weinregionen der Westschweiz zu wünschen!

Elsbeth Hobmeier
Beat Koelliker

Mit der Rebe durch das ganze Jahr

Winterarbeit: Januar, Februar, März

«Schneiden ist Winterarbeit. Und heikel: nicht zu viel, nicht zu wenig.»
Mit der Rebschere in der Hand wandert der Winzer von Stock zu Stock. Wann genau der ideale Zeitpunkt für den Rebschnitt ist, hängt stark von der Lage, dem Wetter und der Rebsorte ab. Klar ist: Die Blätter müssen abgefallen sein und die neuen Knospen dürfen noch nicht schwellen. Meistens ist es irgendwann zwischen Ende Januar und spätestens Ende März so weit. Die Triebe, die sich wild zum Nachbarstock schlingen, muss man zähmen, muss der Rebe eine Form geben, den späteren Ertrag des Stocks steuern. Denn er soll hochwertige Trauben erzeugen, weder zu viel noch zu wenig. Dabei steht einiges auf dem Spiel. Schneidet man zu kurz, ist der Ertrag zu klein. Schneidet man die Triebe zu lang, wird der Traubenbehang zu gross, und es fehlt die Blattmasse, um die Gescheine, die Trauben, zu ernähren. Vorausdenken um ein, zwei Jahre ist gefragt: In welche Richtung wird der Trieb wohl wachsen? Wie viele Augen, Schosse und Schüsse wird er entwickeln? Die sogenannten Augen sitzen in unregelmässigen Abständen auf den Trieben – sie entsprechen den Knospen eines Baumes. In ihnen versteckt sich, was man lange nur ahnen kann: der Schuss mit ein bis drei Gescheinen.

Die rechnerische Einheit für den Weinbauern ist der Quadratmeter. Er schneidet die Reben so, dass er pro Quadrat-

Die Reben warten geduldig auf den Schnitt, um ins neue Weinjahr wachsen zu können.

Weisse Trauben, weisser Wein. In der Westschweiz ist es am häufigsten Chasselas.

meter mit sechs bis acht Augen rechnen kann. Treibt im Schnitt jedes dieser Augen knapp zwei Gescheine, dann kommt er auf etwa zehn. Bei einem Gewicht von 80 bis 100 Gramm pro Geschein wird er von jedem Quadratmeter Reben ein Kilo Trauben ernten. In trockenen Lagen, bei alten Rebstöcken und dort, wo eine rigorose Auslese betrieben wird, kann der Ertrag weit tiefer liegen. Auch unter erfahrenen Winzern gilt der Rebschnitt beinahe als eine Wissenschaft. Und so ist in vielen traditionell ausgerichteten Weingebieten das Schneiden immer noch Männersache. Die Frauen lässt man dort erst an die Schere, wenn die Männer aus irgendeinem Grund fehlen ...

Um für den in einzelnen Weingebieten gefürchteten Frost gewappnet zu sein, lässt der Winzer oft eine sogenannte Frostrute, einen dritten Zweig, stehen. Tritt dann tatsächlich Frost auf und einige Augen sterben ab, hat er noch Reserven. Bleibt der Frost aus, wird die Frostrute später abgeschnitten.

Im Weinkeller ist inzwischen der malolaktische Säureabbau im Gange. Die Milchsäurebakterien und der Säuregehalt müssen ständig überwacht werden. Bei Kälte zieht sich der Wein im Fass zusammen. Um eine Oxidation zu verhindern, muss das Fass immer wieder aufgefüllt werden.

Frühlingsarbeit: April, Mai, Juni

«Im Juni sollte es mild sein und nicht dauernd regnen, sonst verrieselt die Blüte.»

Wenn die Eisheiligen mit der Kalten Sophie am 15. Mai überstanden sind, atmet der Winzer auf. Meistens wartet er auch gleich noch den Wilhelm am 28. Mai ab. Dann können alle Reservetriebe abgeschnitten werden, die Rebe beginnt zu treiben. Schon bald muss ausgebrochen werden, das heisst, die in der Nähe der Traube wachsenden Nebentriebe, besser bekannt als Geiztriebe, werden von Hand weggebrochen. Beim Chasselas wachsen sie besonders üppig. Das erneute Zurechtstutzen des Rebstocks ist wichtig und legt den Grundstein für eine gute spätere Ernte. Mit zunehmender Wärme schiessen die Zweige üppig in die Höhe. Damit der Rebstock genügend Sonne bekommt, werden diese jungen Triebe an Drähten hochgebunden und verschlauft.

Die Frühlingsmonate sind auch die richtige Zeit für die Neupflanzung von Reben. Seine Rebenstecklinge oder «Stöckli» kauft der Winzer bei einem Rebschulisten, der sie selbst aufzieht und viele Sorten vorrätig hat. Manchmal setze ein richtiger «Run» auf eine bestimmte Rebsorte ein, so dass man bald zu wenig davon habe, erzählt Simon Krebs, der Inhaber der einzigen Rebschule am Bielersee. Dann frage

Rote Trauben, roter oder Roséwein: meistens Pinot noir.

man eben bei den Kollegen in anderen Teilen der Schweiz nach.
Im Juni ist der Winzer dem Himmel dankbar für anhaltend schönes Wetter. Denn die Phase der Blüte und der Entwicklung des Fruchtansatzes sind wichtige Stadien für die Rebe. Die Blütezeit im Juni braucht milde Temperaturen und wenig Regen; zu starke Niederschläge spülen den Blütenstaub weg und gefährden dadurch die Befruchtung. Im schlimmsten Fall verrieselt die Blüte, das heisst, es gibt keinen Fruchtansatz oder die Beeren bleiben klein und ohne Kerne. Fruchtansatz nennt man das Stadium, in dem sich die Beeren bilden – dies geschieht meistens im Juni und Juli.
Im Keller beginnt man in dieser Zeit mit dem Abfüllen des jungen Weins – allerdings erst mit jenen Qualitäten, die für den baldigen Verbrauch bestimmt sind. Die Weine, die noch eine Zeitlang im Tank oder im Holzfass reifen sollen, brauchen hin und wieder einen «Abstich», das heisst, sie werden von einem Behälter in den anderen umgefüllt, um ein Zuviel an Trübstoffen und Heferesten auszuscheiden. Dies geschieht meist sofort nach der alkoholischen Gärung. Im ersten Reifejahr im Fass kann ein Wein drei- bis viermal abgestochen werden.

Sommerarbeit: Juli, August, September

«‹Brauner Boden gleich fleissiger Winzer› ist vorbei. Heute will man es grün, naturnah.»

Es ist Sommer, Zeit, gegen Schädlinge und Krankheiten anzukämpfen, welche die Rebe vor allem bei feuchter Witterung befallen können. Ihre ärgsten Feinde sind Pilzkrankheiten wie der falsche und der echte Mehltau, die Graufäule oder der rote Brenner, aber auch Milben, die rote Spinne und der Traubenwickler. Gegen den Pilz werden Produkte auf Kupferbasis und Schwefel gespritzt. Und auf die roten Spinnen setzt man gezielt ein anderes nettes Tierchen, die Raubmilbe, an.
Dass in unseren Rebbergen früher allzu grosszügig Chemie eingesetzt wurde, weiss inzwischen jedes Kind. Einige Böden kämpfen immer noch mit den Folgen dieser Vergiftung. Längst weiss man, wie wichtig es ist, die Zusammenhänge in der Natur zu beachten. Fast jeder Winzer produziert heute nach den Richtlinien der Integrierten Produktion, IP. Es gibt Labels wie Vitinatura, und es gibt Bioweine, die zwar auch gespritzt werden, aber mit verträglicheren Mitteln. Gewisse Schädlinge können auch durch eine systematische Belüftung ferngehalten werden. Dies geschieht durch das Entfernen unnötiger Blätter, um so Luft und Sonne an die Rebe zu lassen. Aufgabe des Winzers ist es, den guten Mittelweg zu finden, damit die Rebe noch

atmen kann und trotzdem genügend Blätter hat, die ihr Nährstoffe zuführen. Die IP hat einen weiteren neuen Aspekt in den Rebberg gebracht: Wo früher die Erde braun zu sein hatte, ist heute rundum Grün gefragt. Einst galt als Ausweis eines vorbildlichen Rebbaus, wenn kein Gräschen zwischen den Rebzeilen wuchs. Diesen Gräsern war der Weinbauer ständig mit der Hacke auf den Fersen. Doch die blosse braune Erde bot keinen Halt; wenn es regnete, rutschte der Humus den Hang hinunter und musste mühsam wieder hinaufgetragen werden. Heute weiss man: Die Rebbergbegrünung hält die Erde dort fest, wo sie hingehört. Zu diesem Zweck muss der Boden aber regelmässig gemulcht, das heisst mit fein geschnittenem Gras sorgfältig bedeckt werden, damit er nicht austrocknet. Auch das Rebholz vom vorherigen Jahr wird gehäckselt wieder dem Rebberg zugeführt. Gegen den Herbst zu lässt man dann das Gras und die Pflanzen zwischen den Rebzeilen etwas höher wachsen; der Boden und die Trauben brauchen dadurch weniger Stickstoff.

Im Weinkeller werden erlesene Weine nun nochmals abgestochen. Und jene des vorherigen Jahrgangs, die in grösseren oder kleineren Fässern heranreifen, sind zum Abfüllen bereit. Barriqueweine lagern meistens sechs bis neun Monate im kleinen 225 Liter fassenden Eichenfass, es können aber auch achtzehn Monate sein.

Herbstarbeit: Oktober, November, Dezember

«Lesezeit – der Höhepunkt des Rebjahrs.»

Die Lese ist der Höhepunkt des Rebjahrs, der Lohn eines Jahres voll Arbeit. All die Stunden im Rebberg, all die Mühsal beim Hacken, Mulchen, Ausbrechen, Reduzieren und Vorlesen gipfeln in einigen wenigen Tagen im Oktober. Je nach Gegend, Temperatur und Traubensorte kann es sogar schon Ende August oder im September losgehen. Kaum ein Familienbetrieb kann diese intensive Phase allein meistern. Es werden Hilfskräfte angeheuert, oder Freunde und Verwandte helfen, die Ernte bei möglichst guter Witterung in den Keller zu bringen.

Den richtigen Zeitpunkt der Lese abzuwarten, nämlich dann, wenn die Traube wirklich reif ist, ist die hohe Kunst und oft ein Wagnis und ein Wettlauf mit dem Wetter. Syrah und Merlot können an Lebhaftigkeit einbüssen, wenn man zu

Die Lese, der Lohn eines ganzen Arbeitsjahrs.

lange wartet, Cabernet Sauvignon dagegen verträgt ein paar zusätzliche Tage gut. Der Chasselas wiederum sollte frisch und spritzig sein – ist er allzu reif mit entsprechend hohem Zuckergehalt, kann er träge und plump werden.
Den Zuckergehalt misst man mit dem Spektrometer oder Refraktometer. Das grosse Thema während der Ernte sind die Oechslegrade. Nach warmen oder gar heissen Sommern steigen die Messresultate locker gegen 100 Grad Oechsle und oft – vor allem bei Spätlesen, also Trauben, die man etwas länger am Stock belässt – auch weit darüber. Gemeint ist damit der Zuckergehalt, der sich später, nach dem Gärprozess, in einem höheren oder niedrigeren Alkoholgehalt niederschlagen wird. Gemessen wird der Zuckergehalt gleich auf dem Platz. Allerdings machen heute die kantonalen Aufsichtsbehörden nur noch einzelne Stichproben, die Listenführung wird dem Winzer selbst überlassen.
In den Tagen und Wochen vor der Lese beobachtet der Winzer seine Trauben akribisch genau: Färben sich die Beeren gleichmässig, hat der Farbumschlag wie gewünscht stattgefunden? Unreifes, Faules, Überschüssiges wird nochmals entfernt, um wirklich nur allerbeste Qualität in den Keller zu bringen.
Weissweintrauben werden vor der Gärung gepresst – je stärker die Pressung, desto herber wird der Wein. Erst der geklärte Most wird dann in den Gärtank gepumpt. Beim Rotwein ist es anders, da sollen die Traubenschalen Farbe und Gerbstoffe (Tannine) liefern. Während des Gärvorgangs werden die Schalen immer wieder untergetaucht, damit sie in Kontakt mit dem Saft bleiben. Diese Arbeit erfordert – geschieht sie nicht maschinell – grossen Kraftaufwand. Nach der Gärung kommt der Wein ins Fass oder gelangt im Tank aus Stahl oder Beton zur Reifung.

Nützliche Internetadressen zu den Wanderungen

– Sämtliche Informationen zu Zugverbindungen und zum aktuellen Fahrplan finden Sie unter www.sbb.ch, Postautoverbindungen unter www.postauto.ch.

Zu den einzelnen Regionen:
– Tourismus Biel - Seeland, Biel, Telefon +41 (0)32 329 84 84, www.biel-seeland.net
– Tourisme neuchâtelois, Neuchâtel, Telefon +41 (0)32 889 68 90, www.neuchateltourisme.ch
– Office du tourisme de Genève, Telefon +41 (0)22 909 70 00, www.geneve-tourisme.ch
– Office vaudois du tourisme, Telefon +41 (0)21 613 26 26, www.region-du-leman.ch, www.lavaux.com
– Valrando, Sion (Walliser Wanderwege), Telefon +41 (0)27 327 35 80, www.valrando.ch
– Wallis Tourismus, Sion, Telefon +41 (0)27 327 35 70, www.wallis.ch

Dem Bielersee entlang: Ideal mit dem Rad, beschaulich zu Fuss

Warum gerade hier wandern oder radfahren?

- Schönste Aussicht auf Winzerdörfer, den Bielersee und die Sankt-Peters-Insel.
- Von Twann bis Ligerz Begleitung durch die Infotafeln des Reblehrpfads.
- Seitensprung möglich in die wildromantische Twannbachschlucht.
- Attraktive Wegvarianten: Rückweg per Schiff oder Bahn. Oder per Velo beziehungsweise zu Fuss auf dem Seeuferweg.
- Schöne Badeplätze und gute Fischrestaurants am See.

Das Haar in der Suppe

Praktisch ausschliesslich geteerte oder befestigte Strassen und Wege. Deshalb ideal zum Radfahren, aber eher ermüdend zu Fuss. Im Winter empfiehlt sich der Weg dagegen für eine Wanderung – die kahlen Rebberge sind von einem besonderen Reiz.

Wanderzeiten und Schwierigkeit

- Den Rebenweg von Biel beziehungsweise Vingelz nach La Neuveville (oder umgekehrt) erwandert man in rund 4 Stunden. Mit dem Fahrrad rechnet man rund ein Drittel der Zeit, also 1¼ bis 1½ Stunden.
- Der Seeuferweg führt von Biel nach Le Landeron (oder umgekehrt) flach und meistens direkt dem See entlang (4 Stunden zu Fuss, gut 1 Stunde mit dem Rad). Jedes Dorf ist per Bahn und Schiff erreichbar (Fahrplan ändert je nach Saison).
- Wer nur den Reblehrpfad begehen möchte, startet in Twann bei der Twannbachbrücke und wandert bis nach Ligerz zum Rebbaumuseum «Hof». Wanderzeit: 1 Stunde.
- Ein empfehlenswerter Abstecher (aber nur zu Fuss!) ist die wildromantische Twannbachschlucht zwischen Twann und Lamboing: 1 Stunde Aufstieg, ½

Twann liegt uns zu Füssen, von weitem grüsst die St.-Peters-Insel.

Die meisten Wege sind befestigt – ideal fürs Radfahren.

Stunde zurück. Täglich geöffnet, den Obolus von Fr. 1.– pro Erwachsenen und Fr. 0.50 pro Kind wirft man in eine Kasse beim Eingang. Vorsicht bei nassem Wetter: Rutschgefahr!

■ Schön wandert es sich auf dem Jurahöhenweg von Biel nach Twann. Start mit der Drahtseilbahn von Biel nach Magglingen. Wanderung und Abstieg durch die Twannbachschlucht hinunter nach Twann oder über einen Seitenweg nach Schernelz (Wanderzeit: 3 Stunden). Oder weiter über den Twannberg nach Prêles. Von dort führt eine Seilbahn hinunter nach Ligerz (2 Stunden).

■ Alle diese Wanderungen und Radwege sind gefahrlos und auch für ungeübte Erwachsene und Kinder gut zu bewältigen. Sie können auch etappenweise begangen werden.

Kinder? Velo?

■ Kinder werden wohl lieber radfahren statt wandern. Und im Sommer zwischendurch einmal in den See tauchen (Schwimm- oder Seebäder in jedem Dorf). Oder mit dem Schiff zurückfahren, zum Beispiel mit dem «Mobicat», dem weltgrössten, lautlosen Solar-Passagierschiff.

■ Der Seeuferweg ist an Sonntagen stark begangen – und nicht jeder Wanderer weicht gerne ständig den Radfahrern aus. Deshalb lieber an Wochentagen radeln.

Das sollte man mitnehmen

In der warmen Jahreszeit Badezeug. Und Picknick, falls man am Seeufer oder in den Rebbergen rasten möchte.

Hin und zurück

Mit Bahn und Bus

Biel liegt an der SBB-Jurasüdfusslinie und ist ab Bern, Zürich oder Lausanne direkt erreichbar. Ab/bis SBB-Bahnhof Biel stündlich Züge nach und von La Neuveville oder Le Landeron. Fahrräder kann man mitnehmen (Tageskarte für die ganze Schweiz Fr. 10.–) oder mieten (www.bikestation.ch).

Mit dem Schiff

Tägliche Schiffsverbindungen zwischen Biel und La Neuveville/Erlach (im Winter eingeschränkter Fahrplan). Angebot von Zwei-Seen-Fahrten (Bieler- und Neuenburgersee) sowie Drei-Seen-Fahrten (Bieler-, Neuenburger-, Murtensee) und Aarefahrten (zwischen Solothurn und

Historisch: Der Pilgerweg

Ein Stück des Wegs, der von Kleintwann zur Kirche von Ligerz und über Schafis hinunter zum See führt, heisst auch heute noch Pilgerweg. Er geleitete einst die Pilger, die über den See kamen und in der Schorenländte in Kleintwann anlegten, zur Kapelle der heiligen Anna (erbaut 1417) und später zur Wallfahrtskirche im Ligerzer Rebberg. Die Kapelle wurde 1434 zur Pfarrkirche zum heiligen Kreuz erhoben. Bereits 1389 findet man den «Bilgrimweg» in einem Kaufbrief erwähnt. Ob wundertätige Reliquien den Anlass zu den Wallfahrten gaben, ist nicht bekannt, ebenso wenig, woher die Wallfahrer kamen. Der Name «Pilgerweg» könnte aber darauf hindeuten, dass die Pilger von weit her kamen und dass dieses Wegstück einer der vielen Wege durch die Schweiz nach Santiago de Compostela war. Der Zulauf zur Kirche muss beträchtlich gewesen sein, hat sie doch ihre heutige Dimension bereits 1525, also kurz vor der Reformation, erhalten (Quelle: Kurt F. Hubacher, Alte Rebbergwege und Stege am Bielersee).

Biel). Auskunft Bielersee-Schifffahrtsgesellschaft, Telefon +41 (0)32 329 88 11, www.bielersee.ch.

Mit dem Auto

A5 von Biel oder von Neuenburg. Beschränkte Parkplatzzahl. Grosser Parkplatz gegenüber der Magglingenbahn in Biel.

Die Route

Von Biel zum Rebenweg

Der Wanderweg dem Bielersee entlang ist ab Biel ausgeschildert und beginnt mit Treppensteigen bei der Felseck, gleich nach dem grossen Strassenkreisel Richtung Solothurn und La Neuveville in der Nähe der Magglingenbahn. Bequemer ist die Anfahrt mit dem Bus Nr. 11 ab Bahnhof Biel bis Vingelz (Rebenweg).

Der Veloweg ist ab SBB-Bahnhof Biel mit roten Wegweisern ausgeschildert: Man hält sich links, fährt Richtung Strandboden und dann dem See entlang. Der eigentliche Rebenweg beginnt in Vingelz, dem ersten Winzerdorf am nördlichen Ende des Bielersees. Radfahrer biegen gegenüber der Post Biel 5, Vingelz, rechts ab und fahren auf der Tessenbergstrasse bergan. Dort gibt ein Wegweiser Auskunft.

Hoch über Twann

Ein asphaltierter Weg führt oben am Hang durch eine herrliche Landschaft mit hellem, kalkigem Juragestein und je nach Jahreszeit blühenden Bergblumen am Weg, kurze Waldstücke spenden Schatten. Unten sieht man die ersten Rebparzellen und die gleissende Fläche des Sees. Dieser Ausblick wird uns auf der ganzen Tour begleiten. Wir blicken auf die Winzerdörfer hinunter, die sich dem See entlang reihen: zuerst Alfermée, dann Tüscherz und Wingreis, wo ein Restaurant namens «Engelberg» daran erinnert, dass die Rebberge hier einst dem Kloster Engelberg gehörten. Wir

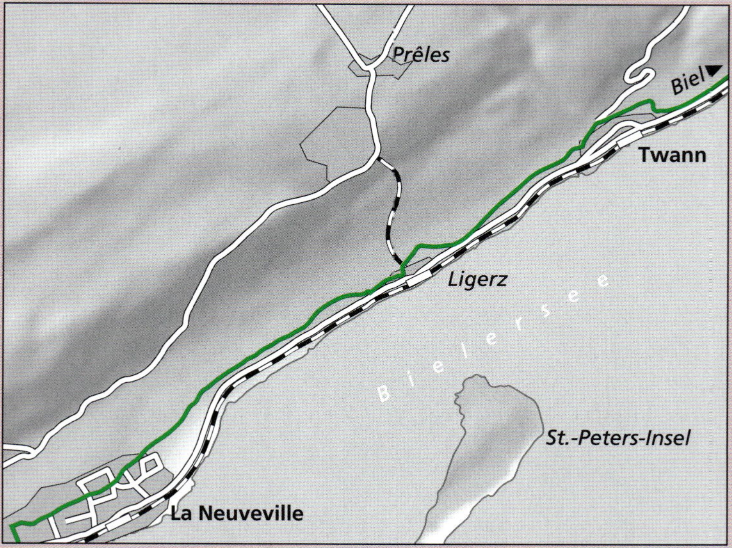

Zwischenhalt beim Winzer.

Das Ligerzer Kirchlein, beliebt für Hochzeiten.

wählen nicht den Weg nach Gaicht, sondern bleiben auf dem Rebenweg, der in Richtung Twann führt.
Das Winzerdorf Twann wurde durch seinen süffigen Wein weitherum bekannt. Der intakte, verkehrsfreie Ortskern mit seiner gepflasterten Dorfstrasse und der Kirche als markantem Mittelpunkt lädt zum Bummeln ein. Beim Wegweiser «Chros» kann man sich entscheiden, ob man einen Abstecher hinunter ins Dorf machen will. Der Rebenweg jedoch verläuft weiterhin oben am Hang, steigt leicht an, geht ein kurzes Stück der Autostrasse entlang und führt dann zur Twannbachschlucht. Hier bietet sich eine Zusatzschlaufe durch die wildromantische Schlucht an (siehe «Wanderzeiten»). Direkt beim Twannbach beginnt dann der Rebenlehrpfad mit Stelltafeln, die den Besucher auf seinem Weg bis nach Ligerz begleiten und ihm Wissenswertes über die Traubensorten, die Geologie und die Geschichte der Bielerseegegend vermitteln. Zwischendurch führt der Weg etwas steiler bergan – hier darf das Rad auch mal geschoben werden.

Blick auf die Sankt-Peters-Insel

Wie der Rücken eines gestrandeten Wals erhebt sich die Sankt-Peters-Insel aus dem See und zieht den Blick unweigerlich an. Hier lebte der grosse Philosoph Jean-Jacques Rousseau – zu seinem Leidwesen nur einige Monate, er wäre gerne länger geblieben und schwärmte in seinen «Rêveries du promeneur solitaire» («Träumereien eines einsamen Spaziergängers») so sehr von dieser Insel, dass die Grossen und Berühmten seiner Zeit sie ebenfalls kennen lernen wollten. Fast ebenso berühmt ist das Kirchlein von Ligerz: Es trohnt mitten in den Rebbergen und ist eine der beliebtesten Hochzeitskirchen der Schweiz. Die spätgotische ehemalige Wallfahrtskirche entzückt mit ihrem barock ausgestatteten Schiff und Chor. Eine Rast auf dem grasbewachsenen Kirchenhof ist ein Muss, kaum sonstwo ist der Blick über den See und die sich endlos dahinziehenden Rebberge derart schön. Das wussten schon die Pilger, die einst von Twann über Ligerz nach La Neuveville zogen: Der Pilgerweg ist bereits im Jahr 1389 historisch belegt und stellte damals die einzige Landverbindung zwischen den Dörfern am See dar.
Nach dem Kirchenhalt geht es steil bergab (Radfahrer sollten rechtzeitig bremsen), unter einem auf Stelzen gebauten Haus hindurch und rechts weg in Richtung Schafis. In diesem Weiler mit sei-

Ein Wort zum Wein und zur Treberwurst

Im ganzen Bielerseegebiet, das zum Kanton Bern gehört, gibt es keine einzige Grosskellerei oder Genossenschaft. Sämtliche Reben werden von Winzerfamilien bewirtschaftet. Jeder Betrieb vinifiziert und verkauft seine Weine selbst, oft an Stammkunden, die seit Generationen die Flaschen direkt bei «ihrem» Winzer abholen. Angebaut werden auf den 235 Hektar Rebland zu rund 55 Prozent weisser Chasselas, der hier besonders spritzig ausfällt, 35 Prozent entfallen auf Pinot noir oder Blauburgunder. Den Rest bilden diverse Spezialitäten wie Pinot gris, Gewürztraminer, Chardonnay und Sauvignon blanc. Eine Besonderheit ist die Weingesetzgebung; sie erlaubt, dass der Wein, aus welcher Bielerseegemeinde auch immer die Trauben stammen, sich Twanner (Douane) oder Schafiser (Chavannes) nennen darf. Nur Etiketten mit der Nennung des Ortsnamens, wie Ligerz, Tüscherz oder La Neuveville, garantieren, dass der Wein auch tatsächlich aus diesem Ort kommt. Kenner kommen in den Monaten Januar und Februar in die Bielerseegegend. Der Grund dafür heisst Treberwurst. Diese Saucisson-Wurst aus Schweinefleisch wird im Brennhafen in den Dämpfen des Tresters, der zu Marc gebrannt wird, gegart. Serviert wird sie in den Wintermonaten praktisch in jedem Winzerkeller, den sogenannten Carnotzets. Dazu isst man Kartoffelsalat oder Kartoffelgratin. Und spült alles mit viel Bielerseewein und gern auch einigen Gläschen Treberschnaps hinunter. Da diese «Schnapsidee» von Jahr zu Jahr mehr Gäste anzieht, ist eine frühzeitige Reservation zu empfehlen.

nem winzigen Hafen gibt es kaum ein Haus, in dem nicht Wein gekeltert wird. Wir lassen das Dorf links liegen und halten uns an den Wegweiser in Richtung La Neuveville. Mitten im Rebberg überschreiten wir die Sprachgrenze: Aus dem Rebenweg wird der Chemin du Vignoble, oberhalb steht das Weingut La Boudeille. Schlossähnlich empfängt uns das prächtige Gut der Stadt Bern, das seit Generationen den «Berner Wein» mit dem Wappenbär auf dem Etikett herstellt, der in der Bundeshauptstadt so gerne getrunken wird.

In La Neuveville angelangt, weisen Schilder in Richtung «Centre» und Bahnhof. Das sollte jedoch nicht davon abhalten, dem prächtigen Ortskern etwas Aufmerksamkeit zu schenken. Die hübschen Strassen und schönen Bürgerhäuser lohnen einen Bummel. Und der Hafen liegt für jene, die eine (Rück-)Fahrt mit dem Schiff unternehmen wollen, nicht mehr weit.

Die Extras

Rund um den Wein

■ Ligerzer Caveau, im Dorfkern von Ligerz, geöffnet Anfang Juni bis Mitte Oktober Montag bis Samstag von 16 bis 20 Uhr, Telefon +41 (0)32 315 15 35 oder (0)32 315 15 59. Gemütlicher Keller, in dem jede Woche ein anderer Winzer seine Weine ausschenkt. Platz für bis zu 70 Personen. Kann gemietet werden.

■ Haus des Bielerseeweines in Twann, Telefon +41 (0)32 315 27 18, info@bielerseewein.ch. Saal für bis zu 100 Personen, ideal für Festanlässe, Degustationen, Apéros.

■ Rebhaus Wingreis in Twann, Telefon +41 (0)32 323 88 89, rebhaus@bielersee-events.ch. Originales Patrizierhaus mit Räumen für Ausstellungen, Apéros und Festanlässe.

■ Die meisten Bielerseewinzer empfangen nach Voranmeldung gerne Gäste. Ein Adressverzeichnis sowie eine Liste der Treberwurst-Carnotzets sind erhältlich bei der Informationsstelle für Bielersee-Wein, 2513 Twann, Telefon +41 (0)32 315 27 18 (9 bis 11 Uhr), www.bielerseewein.ch.

Museen

■ Rebbaumuseum Hof in Ligerz, Telefon +41 (0)32 315 21 32, hof@bielersee-events.ch. Neugestaltetes Museum, auch für geführte Besuche, Apéros, Festanlässe.

■ Kulturpfad historischer Häuser: Beschriftete historische Gebäude wie Klostersitze, Patrizier- und Herrschaftssitze oder geschützte Ortskerne in Schafis, Ligerz, Twann, Tüscherz-Alfermée und Vingelz.

Restaurants

■ Ligerz: Hotel-Restaurant Kreuz, Telefon +41 (0)32 315 11 15, www.kreuz-ligerz.ch, Ruhetag Montag (Winter auch Dienstag). Bekannte Fischküche, komfortable Hotelzimmer, im Sommer verwunschenes Bistro Le Jardin direkt am See.

■ Biel: Restaurant Gottstatterhaus, Neuenburgstrasse 18, Telefon +41 (0)32 322 40 52, www.gottstatterhaus.ch, Ruhetag Mittwoch und Donnerstag. Gutes Fischrestaurant mit Terrasse über dem See und einfacherer Gartenwirtschaft direkt am See.

■ Twann: Zum Alten Schweizer, Telefon +41 (0)32 315 11 61. Gemütliches Lokal in der Twanner Dorfgasse, Fischgerichte.

Besonderes

In der Bielerseeregion wird gern und oft gefeiert: Die Fête du vin in La Neuveville findet Mitte September statt. «Läsetsunntig» ist jeweils am letzten September- und ersten Oktoberwochenende in Erlach und in Ligerz. Das grösste Winzerfest am See ist die «Trüelete» in Twann, jeweils am vierten Oktoberwochenende von Freitag bis Sonntag.
Informationen über Telefon +41 (0)32 315 27 18, www.bielerseewein.ch und Tourismus Biel-Seeland, Telefon +41 (0)32 329 84 84, www.biel-seeland.net.

Wer Zeit für einen Dorfbumel hat: Twann lohnt den Abstecher.

Cressier: Im Land zwischen zwei Seen

Warum gerade hier wandern?

- Abwechslungsreicher Weg, zum Teil auf Naturstrassen.
- Mit zwanzig informativen Schautafeln beschilderter Lehrpfad.
- Zwei geschichtsträchtige Schlösser – wenn auch nur von aussen zu besichtigen.
- Innovatives Winzerdorf mit hochklassigen Weinen.
- Historischer Weinort: Seit dem zehnten Jahrhundert Gut des Emmentaler Klosters Trub. Bis heute jedes Jahr Versteigerung des «Trueberwy».

Das Haar in der Suppe

Ein eher steiler Abstieg durch den Wald war bei der Begehung dornenbewachsen und schlecht zu gehen.

Wanderzeiten und Schwierigkeit

- Der gut ausgeschilderte Weg (rotes oder grünes Dreieck mit Traube) ist sechs Kilometer lang. Wenn man sich genügend Zeit zum Lesen der Infotafeln nehmen will, sollte man rund 2½ Stunden einplanen.
- Ebenfalls einberechnen: Das hübsche Winzerdorf mit seinen alten Bürgerhäusern lohnt einen Besuch. Und wenn der Caveau geöffnet ist, kann man die Weine gleich vor Ort degustieren. Nach Voranmeldung bitten die meisten Winzer auch gerne in ihre Keller.

Weiter Blick über die Rebberge des Entre-deux-Lacs.

Maison Vallier in Cressier.

■ Die Wanderung führt durch Reben und Wald, die Aufstiege liegen meist im Schatten. Einige Abschnitte sind recht steil, stellen aber für alle, die durchschnittlich gut zu Fuss sind, kein Problem dar.

Kinder? Velo?

■ Kinder bewältigen den Weg leicht, finden aber keine speziellen Spielplätze oder Tafeln vor.

■ Der Weg ist für Fahrräder wie auch für Kinderwagen nicht geeignet.

Das sollte man mitnehmen

Gute Turn- oder Wanderschuhe, da streckenweise steile und überwachsene Naturstrassen.

Hin und zurück

Mit der Bahn

Gute Regionalverbindungen nach Cressier ab den Bahnhöfen Biel (20 Minuten Fahrzeit) und Neuchâtel (8 Minuten).

Mit dem Auto

12 Autominuten ab Neuchâtel, 18 Minuten ab Biel, 35 Minuten ab Bern, 100 Minuten ab Zürich. An der Autostrasse/Autobahn Biel–Neuchâtel, Ausfahrt Le Landeron/Cressier. Parkplätze beim Bahnhof oder im Dorf.

■ Die Route

Von Schloss zu Schloss

Die «Viti-Tour», der ausgeschilderte Rebenlehrpfad, beginnt mitten im Ortskern, direkt neben dem imposanten Schloss von Cressier. Vom Bahnhof aus erreicht man es zu Fuss, immer in Richtung Berg/Rebberg gehend, in rund fünf Minuten. Der Weg beginnt auf dem kleinen Dorfplatz beim Maison Vallier, einem ehrwürdigen Haus, wo am Wochenende jeweils ein Caveau betrieben

Die Geschichte des «Trueberwy»

Früh schon hatten die Benediktinermönche aus Trub im Emmental die Qualität der Reblage im Gebiet zwischen den beiden Seen, dem «Entre-deux-Lacs», erkannt. Im frühen Mittelalter gehörte ihnen die heutige Domaine Hôpital de Pourtalès. Nach der Ernte wurde der Wein jeweils auf Schiffe verladen und zihl- sowie aareabwärts zuerst nach Solothurn und von da in die Keller des Klosters Trub gebracht. Die Bürger und Bauern der Umgebung scheinen den Tropfen sehr geschätzt zu haben. So sehr, dass das Kloster 1580 mit einem Erlass den Schifferleuten verbot, die Fässer anzustechen. Diese hielten sich selbstverständlich nicht daran, sondern ersetzten künftig den heimlich getrunkenen Wein einfach durch Wasser. Sie waren oft derart angeheitert, dass sich im Volksmund der Spruch «Il a chargé pour Soleure» für einen Betrunkenen gehalten hat.
Bis heute heisst der Wein auch immer noch «Trueberwy», obwohl das Gut im 18. Jahrhundert in den Besitz von Jacques-Louis de Pourtalès überging, der fortan den ganzen Reingewinn dem nach ihm benannten Spital in Neuenburg zukommen liess, ein Spital, in das jeder Kranke «unbesehen seiner Herkunft und Religion unentgeltlich aufgenommen» wurde. Die Idee der Gemeinnützigkeit hat bis heute Bestand, der Erlös fliesst immer noch ins Krankenwesen. Den «Trueberwy» kann man nicht kaufen, sondern nur ersteigern, immer am letzten Montag im Februar im Maison Vallier in Cressier. Diese Auktion wurde 1827 eingeführt und gilt als älteste Weinversteigerung der Welt.
Übrigens haben nur drei Neuenburger Crus das Recht auf eine eigene Appellation: Château Vaumarcus, Domaine de Champréveyres und Hôpital de Pourtalès.

wird. Gleich drei Informationstafeln nebeneinander bieten zum Einstieg einigen Lesestoff.

Das Schloss lässt man rechts liegen – es wird später, am Ende des Rundgangs, vorgestellt. Der Weg führt zuerst kurz eine asphaltierte Strasse bergan und schwenkt dann bald links in den Chemin de Crésilles ein. Ein kleines, diskretes Schildchen begleitet einen fortan auf dem Pfad von Tafel zu Tafel: eine Traube, zuerst auf rotem Grund, später, im zweiten Wegteil dann auf Grün. So wandelt man unbesorgt durch die Rebberge von Cressier – mit fünfzig Hektar Rebland die fünftgrösste Weingemeinde des Kantons Neuenburg, die stolz darauf hinweist, dass der Weinbau in dieser Gegend seit Römerzeiten heimisch ist. Man schaut hinunter aufs schmucke Dorf und hinüber zu den weniger schmucken, rotweiss geringelten Türmen der Ölraffinierie. Und man liest Wissenswertes zu den beiden Hauptrebsorten der Gegend, dem weissen Chasselas und dem roten Pinot noir, wie auch zum wiederentdeckten Liebkind der Gegend, dem «Non-filtré», dem unfiltrierten Weissen, der länger auf der Hefe liegen darf und deshalb oft betörend nach exotischen Früchten riecht. Er passt zu Meeresfrüchten und Fisch, aber auch zu Käse. Und er kommt jedes Jahr exakt am dritten Mittwoch des Monats Januar auf den Markt.

Im Schatten von grossen alten Bäumen und über eine kleine, moosbewachsene Brücke wandert man durch ein Stück jenes Mischwalds, der über die Hälfte des Gemeindegebiets von Cressier bedeckt. Und ehe man sich versieht, steht man bereits vor dem nächsten Schloss. Das Château Jeanjaquet wirkt etwas düster und verwunschen und ist, da Privatbesitz, nicht öffentlich zugänglich. Der Platz gilt als alter Kultort; bereits im 7. Jahrhundert stand hier ein gallorömischer Tempel, von dem zwei Stelen er-

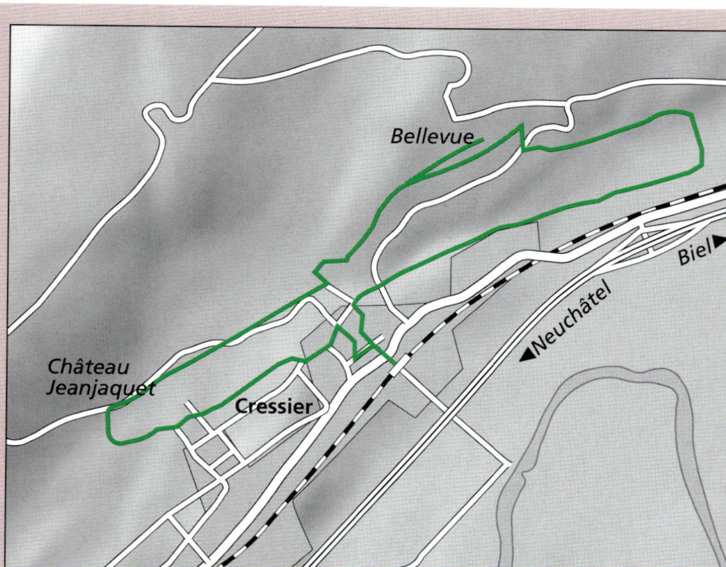

halten geblieben sind, die heute im archäologischen Museum von Neuchâtel zu besichtigen sind. Die eine war dem Gott Mars, die andere der Göttin Naria geweiht. Im Jahr 1180 schenkte der Bischof von Lausanne die zu Ehren des heiligen Martin erbaute Kirche samt Haus, Friedhof, Reben, Feldern, Wäldern und Fischrechten der Abtei von Fontaine-André. Als dann 1872 die neue Dorfkirche gebaut war, wurde der ganze Besitz an einen gewissen Léo Jeanjaquet verkauft.

Auf und ab durch die Reben

Wir steigen wieder bergan, diesmal auf einem befestigten Strässchen, der Promenade des Pierrettes. Unten liegt das Dorf Cressier mit seiner Kirche, am Horizont erhascht man einen Blick auf den Bielersee, die Rebberge breiten sich vor und unter uns üppig über die Hänge. Der Pfad führt über Blumenwiesen hinunter durch eine Schlucht – dieser Wegabschnitt wirkt sehr naturbelassen und teils leicht verwildert, doch man sucht sich seinen Weg und findet ihn auch: hinunter in die Schlucht, dann eine Kurve nach links, und da wartet auch schon die nächste Tafel.

Drüben geht es wieder dem Berg entgegen, von weitem grüsst das Schloss Erlach, unten das 1610 erbaute Schloss Cressier. Von diesem höchsten Punkt des Wegs geht es nur noch abwärts. Wer genug hat, wandert den roten Pfeilen folgend in Richtung Schloss und zum Ausgangspunkt zurück. Und wer weiter mag, hängt noch eine Schlaufe dran und wandert den nun grünen Wegweisern entlang durch das Rebland in Richtung Bielersee. Am Wegrand entdeckt man Pfirsiche, Zwetschgen und Mirabellen. Sie zeugen vom milden Klima und der geschützten Lage, die im Zusammenspiel mit der geologischen Grundlage – Kalkablagerungen auf felsigem Grund – edle, charaktervolle Weine hervorbringen. Während es einst ausschliesslich Chasselas und Pinot noir waren, brillieren heute einige Kellereien mit hervorragendem Pinot gris, Sauvignon blanc,

Verwunschen steht das Schloss Jeanjaquet mit eigener Kapelle im Wald.

Dorfplatz und Bügerhäuser von Cressier.

Chardonnay. Sogar die Rhonesorte Viognier wird mit grossem Erfolg gekeltert und schweizweit gerühmt und geschätzt. Nach einigem Auf und Ab durch den Rebberg biegen wir in den Chemin des Ratenets und damit in die Zielgerade zum Schloss ein. Erbaut wurde es von Jakob Vallier, und zwar mit dem Geld, das er von drei Ehefrauen, die kurz nacheinander starben, geerbt hatte. Mit dem grossen Gewölbekeller, dem Festsaal und der eigenen Kapelle galt es zu seiner Zeit als eines der prächtigsten Gebäude von Neuenburg. Im 18. Jahrhundert wohnte hier die Familie von Roll, Inhaberin von Industriebauten und Giessereien. Zwar nicht im Schloss, aber (am Wochenende) im schönen Caveau von Cressier, in einem der Keller der örtlichen Winzer oder in einem Gasthaus kann man sich nach den vielen durchwanderten Rebbergen einen ordentlichen Schluck Neuenburger Wein gönnen!

Die Extras

Rund um den Wein

■ Der Caveau des Vins de l'Entre-deux-Lacs befindet sich mitten im Dorf Cressier, im ehrwürdigen Maison Vallier. Gegen Bezahlung werden die Weine von siebzehn Weinbauern der ganzen Region glasweise angeboten. Pauschalen für Gruppen auf Anfrage. Geöffnet 1. März bis 30. November Freitag 17 bis 19.30

Lange Zeit eines der prächtigsten Gebäude weitherum: das 1610 erbaute Schloss.

Uhr, Samstag 11 bis 12.30 und 16.30 bis 19 Uhr, Sonntag 11 bis 12.30 Uhr, Telefon +41 (0)79 669 48 54, www.caveaudesvins.ch.

■ Versteigerung der Weine der Fondation de l'Hôpital Pourtalès jeweils am letzten Montag im Februar. Information: Hôpital Pourtalès, Route de Troub 17, 2088 Cressier, Telefon +41 (0)32 757 11 51, info@domaine.hopital.pourtales.ch.

Restaurants

■ Cressier: Hôtel de la Croix Blanche, Rte de Neuchâtel 12, Telefon +41 (0)32 757 11 66, www.croix-blanche.ch, Ruhetag Mittwoch. Typische Gerichte der Region in einem typischen Altstadthaus, kleine Terrasse, grosser Saal.

■ Le Landeron: Restaurant L'Escarbot, Telefon +41 (0)32 751 72 82, Ruhetag Sonntag. Überraschend kreative Küche in alten Mauern, hohe Qualität zu angenehmen Preisen, regionale Weine im Offenausschank.

■ Montezillon: Auberge de l'Aubier, Telefon +41 (0)32 732 22 11, www.aubier.ch, Januar bis März Ruhetag Sonntagabend und Montag. Hotel-Restaurant mit Zimmern und eigenem Biobauernhof, von dem die Restaurantküche viele Produkte direkt bezieht. Schöne Aussicht, Garten.

Besonderes

■ Jeweils am ersten Wochenende im Mai (Freitag/Samstag) öffnen die Neuenburger Winzer ihre Keller und laden zur Verkostung ein. Information: Telefon +41 (0)32 889 68 90, www.ovpt.ch.

■ Die typische Taillaule neuchâteloise, ein Hefegebäckspezialität mit getrockneten Weinbeeren, gibt es in Cressier bei der Bäckerei Lauper an der Rue Saint-Martin 3, Telefon +41 (0)32 757 11 83.

Das Restaurant Croix Blanche serviert regionale Spezialitäten.

■ Neu ins Leben gerufen wurde im September 2004 eine «Balade gourmande» in Neuchâtel. Sie soll jährlich wiederholt werden.

■ In Le Landeron, einem Flecken mit sehr gut erhaltenem mittelalterlichem Stadtbild (Museum, Diashow) und schönen Gasthäusern, findet jeweils am letzten Septemberwochenende die Fête de la Brocante, der grösste Antiquitätenmarkt der Schweiz, statt.

Auskünfte und Prospekte über alle Angebote im Kanton Neuenburg bei Tourisme neuchâtelois, Hotel des Postes, 2001 Neuchâtel, Telefon +41 (0)32 889 68 90, www.neuchateltourisme.ch.

Zwischen Jolimont und Sankt-Peters-Insel

Warum gerade hier wandern?

- Schöner Blick auf den Bielersee und über die Sankt-Peters-Insel, die schon Rousseau liebte.
- Bummel durchs historische Städtchen Erlach mit seinem imposanten Schloss.
- Gefahrloser, kurzer, wenig anstrengender Weg, auch mit Kinderwagen zu bewältigen.
- Baden im See, schöne Badeanlage in Erlach.
- Abstecher auf den Jolimont zu den «Tüfelsburdi» genannten Findlingen möglich.

Das Haar in der Suppe

Man wandert zumeist auf Hartbelag.

Wanderzeiten und Schwierigkeit

- Die reine Wanderzeit für die Strecke von Tschugg nach Erlach beträgt nur 45 Minuten. Für einen Abstecher zum See rechnet man 10 Minuten dazu.

Der Berner Bär auf der Mauer zeigt unmissverständlich an, dass Schloss Erlach auf Berner Boden steht.

■ Wer einen längeren Marsch (oder eine Rundwanderung) bevorzugt, wandert von Erlach zurück über den Jolimont bis nach Gampelen (zusätzlich 2 Stunden). Und wer dort nicht die Bahn nehmen, sondern zu Fuss zu dem in Tschugg parkierten Auto zurückkehren will, muss weitere 40 Minuten dazurechnen.

■ Eine leichte Wanderung, auch für kleine Kinder oder ältere Leute sehr gut zu bewältigen.

Das sollte man mitnehmen

Bei warmem Wetter das Badezeug.

Hin und zurück

Mit Bahn und Postauto

Nach Tschugg (Haltestelle Klinik) gelangt man ab Ins mit dem Postauto. Ins ist ab Bern, Biel oder Murten per Bahn gut zu erreichen.
Zwischen Erlach und Ins verkehrt ebenfalls ein Postauto.

Mit dem Schiff zurück

Man kann auch per Schiff von Erlach nach Biel zurückkehren (Fahrzeit gut 1 Stunde). Auskunft zu den Fahrplänen: Telefon +41 (0)32 329 88 11, www.navig.ch und www.sbb.ch.

Mit dem Auto

Parkplatz bei der Klinik Bethesda in Tschugg.

■ Die Route

Durch das Dorf zu den Reben

Der gelbe Wegweiser bei der Postautohaltestelle Klinik in Tschugg gibt für die Strecke nach Erlach nur 35 Minuten an. Doch man kann leicht etwas länger verweilen beim Bummel durch das hübsche Dorf. Man wirft hier einen Blick in einen schönen Bauerngarten und dort

Ein Wort zum Wein

An den Hängen des Jolimont und auf der Sankt-Peters-Insel ist der Boden, im Gegensatz zum Kalk auf der anderen Seeseite, schwer und stark molassehaltig. Diese geologische Besonderheit gibt dem Wein eine gute Struktur und ein deutlich kräftigeres Bouquet. Der Wein kommt als Erlacher und als Tschugger in den Handel. Nicht zu kaufen ist der Inselwein, der für die Burger der Stadt Bern reserviert ist. In kleinsten Mengen wird auch ein Inser und ein Gampeler produziert. Zum grössten Teil wachsen hier Chasselas- und Pinot-noir-Trauben. In kleinen Mengen wird auch mit Pinot gris, Gewürztraminer, Chardonnay, Muscat, Syrah und Garanoir experimentiert – und dies mit Ergebnissen, die sich sehen lassen dürfen. Die beiden grössten Güter der Gegend sind das Rebgut Schloss Erlach und das Gut der Klinik Bethesda in Tschugg, deren herrschaftliches Verwaltungsgebäude einst Landsitz der Berner Adelsfamilie von Steiger war. Ein guter Schluck Jolimont-Wein soll schon früher seinen Teil zur raschen Gesundung der Patienten beigetragen haben ...

Blick auf Erlach. Und auf die wertvollen Fresken in der Kirche aus dem 11. Jahrhundert.

einen auf die medaillenbekränzte Tür eines Reitstalls. Besonders lohnend ist ein Augenschein im Atelier der Künstlerin Annemarie Würgler, deren Keramik- und Steinfiguren wie in einem verwunschenen kleinen Paradies rund um das alte Haus im Gras und in der «Hoschtet» wohnen. In Tschugg stehen noch einige schöne Bauernhöfe, wie sie einst Albert Anker auf die Leinwand gebannt hat, der Maler aus dem benachbarten Ins, der wie kein anderer den bernischen Alltag des 19. Jahrhunderts festgehalten hat.

Bei einer Kreuzung verlassen wir die asphaltierte Dorfstrasse und biegen linker Hand in einen Feldweg ein, wo uns bald die ersten Reben empfangen. Ehrwürdige alte Rebstöcke wechseln mit jüngeren Kulturen ab, die sich dem Südhang des Jolimont entlangziehen. Es sind kleinräumige, hochwertige Rebparzellen, hier werden keine Massen produziert. In früheren Jahrhunderten war die Rebbaukultur bedeutend umfangreicher.

Blickt man in die Weite, sieht man von fern den Bielersee funkeln. Der Jolimont, zu Deutsch «der hübsche Berg», neigt sich als bewaldeter Hügel dem unteren Ende des Bielersees zu und berührt bei Erlach das Seeufer, dort, wo die Sankt-Peters-Insel sich als schmaler Streifen Land in den See hinaus erstreckt. In Urzeiten dürfte der Jolimont eine Insel inmitten eines riesigen Sees gewesen sein, der, vom schmelzenden Rhonegletscher gebildet, vom Oberaargau bis nach Orbe reichte.

Der Feldweg mündet wieder in eine Dorfstrasse. Wir nähern uns der alten Kirche von Erlach, eine riesige Trauerweide weist uns die Richtung. Der Bau stammt aus dem 11. Jahrhundert und war einst Eigentum des Klosters Sankt Johannsen. Geweiht war das Gotteshaus dem heiligen Ulrich, der bei besonders schweren Entbindungen angerufen wurde und dem auch grosse Macht gegen Dämonen und Tollwut zugeschrieben wurde. Im 15. Jahrhundert errichtete man in der Kirche zudem einen Altar für den heiligen Nikolaus, bevor dann 1528 der Bildersturm die Reformation ankündete. 1954 fand man im Zuge einer Instandstellung im Turmchor wertvolle Fresken. Eine Tafel des Lehrpfads «Jolimont – Geschichte und Gegenwart», der in elf Stationen historisch wichtige Punkte verbindet und hier unseren Weg kreuzt, gibt vertiefte Auskunft. Heute wird die Kirche ökumenisch genutzt: Am Samstagabend wird die katholische Messe, am Sonntagmorgen der reformierte Gottesdienst gefeiert.

Seitensprünge: Jolimont

Ein Wanderweg führt aus dem Städtchen Erlach hinauf über den bewaldeten Jolimont nach Gampelen. Auf dem Bergrücken, hundert Höhenmeter und 45 Wanderminuten vom Ausgangspunkt entfernt, liegt eine Gruppe von Findlingen, die aus dem Walliser Val de Bagnes stammen und in der Eiszeit vom Rhonegletscher hier liegen gelassen wurden. Im Volksmund werden die mächtigen Blöcke «Tüfelsburdi» genannt; der Teufel soll sie der Sage nach hier einst wütend hingeworfen haben. Seit 1872 stehen sie unter Schutz.

Aufstieg zum Schloss

Beim Wegweiser muss man sich entscheiden: Zum Schloss geht es in 10 Minuten, zum See und Schiff sind es 20 Minuten. Doch der Umweg über das Schloss lohnt sich. Nach einer Wegbiegung steht es völlig unvermittelt da, malerisch umgeben von Reben, und grüsst mit einem riesigen, überdimensionierten Berner Wappen auf seinen Mauern. Das Gebiet gehört noch zum Kanton Bern, doch die Grenze zu den Kantonen Neuchâtel und Fribourg sind nahe. Umso grösser musste deshalb wohl der Berner Bär sein ... Das Schloss wurde an der Stelle einer um 1100 entstandenen Burg erstellt; 1474, kurz vor der Murten-

Den Keramikfiguren gefällt es im verwunschenen Garten.

Nach der Wanderung: sommerliches Badevergnügen im See.

schlacht, ging die Herrschaft Erlach an Bern. Es war der Sitz einer Reihe von Landvögten; der bekannteste unter ihnen war der Staatsmann, Krieger, Maler und Dichter Niklaus Manuel Deutsch, berühmt ist sein «Totentanz». Ein «Weinbrief» an der Wand des Schlosskellers erinnert an den grossen Berner. Das Schloss wird heute als Schulheim genutzt, im Keller lagert aber nach wie vor der Wein des Rebguts Schloss Erlach. Man kann das Gewölbe auf Voranmeldung besichtigen; Festgesellschaften mieten den Keller gern für Apéros.

Eine schön gepflästerte Altstadtgasse führt durch das Städtchen Erlach hinunter zum See. Ein kühlendes Bad? Eine erholsame Rast in einem der Gasthäuser? Die Rückfahrt mit dem Postauto? Oder eine Fortsetzung der Wanderung über den Jolimont zurück zum Ausgangspunkt? Der Möglichkeiten sind – je nach Jahreszeit – viele.

Die Extras

Weindegustationen

Einen gemeinsamen Caveau gibt es nicht. Auf Anmeldung können jedoch folgende Weinkeller besucht werden: Schloss Erlach, Beat Giauque, Telefon +41 (0)32 338 26 27. www.schlosskeller-erlach.ch; Klinik Bethesda Tschugg, Fredi Marolf, Telefon +41 (0)32 338 02 64; Weingut Hasenlauf, Familie Stämpfli, Telefon +41 (0)32 338 73 53, www.hasenlauf.ch.

Restaurants

- Erlach: Restaurant Zülli, Telefon +41 (0)32 338 11 22, www.zuelli-erlach.ch. Gute Fischküche, schönes regionales Weinsortiment, Gartenterrasse.
- Erlach: Restaurant Du Port, Telefon +41 (0)32 338 16 35, www.duport-erlach.ch. Die grösste Gartenterrasse der Region, direkt am Heidenweg zur Sankt Peters-Insel gelegen.
- Erlach: Hotel-Restaurant St. Petersinsel, Telefon +41 (0)32 338 11 14, www.st-petersinsel.ch, täglich geöffnet von 1. März bis Ende Oktober. Im ehemaligen Kloster, in dem einst auch Rousseau wohnte, befinden sich elf stilvolle Hotelzimmer und ein schönes Restaurant mit beliebter Ausflugswirtschaft.
- Tschugg: Restaurant Rebstock, Telefon +41 (0)32 338 11 61, www.y-line.ch, Ruhetag Montag und Dienstag. Mediterrane Naturküche mit regionalen

Produkten. Das am höchsten benotete Gourmetlokal des Seelands.

Besonderes

■ Jeweils am letzten September- und ersten Oktoberwochenende finden in Erlach die «Läsetsunntige» statt, mit Umzug, offenen Kellern und einem Markt. Information: Tourismus Erlach, Telefon +41 (0)32 338 11 11, www.erlach.ch.

■ Kommentierte Atelierführungen im Albert-Anker-Haus, Müntschemiergasse 7, 3232 Ins (Voranmeldung erforderlich). Öffentliche Führungen jeweils am ersten und dritten Sonntag von April bis Oktober von 15 bis 17 Uhr, Information und Anmeldung: Telefon +41 (0)32 313 19 47.

■ Swin-Golf-Anlage in Tschugg: Golf für die ganze Familie, mit weicherem und grösserem Ball als beim «echten» Golf und einfacheren Spielregeln. 9-Bahnen-Parcours, Miete von Schlägern und Bällen. Geöffnet von April bis Oktober täglich 13 bis 22 Uhr, Telefon +41 (0)32 338 22 06, www.swin-golf.ch.

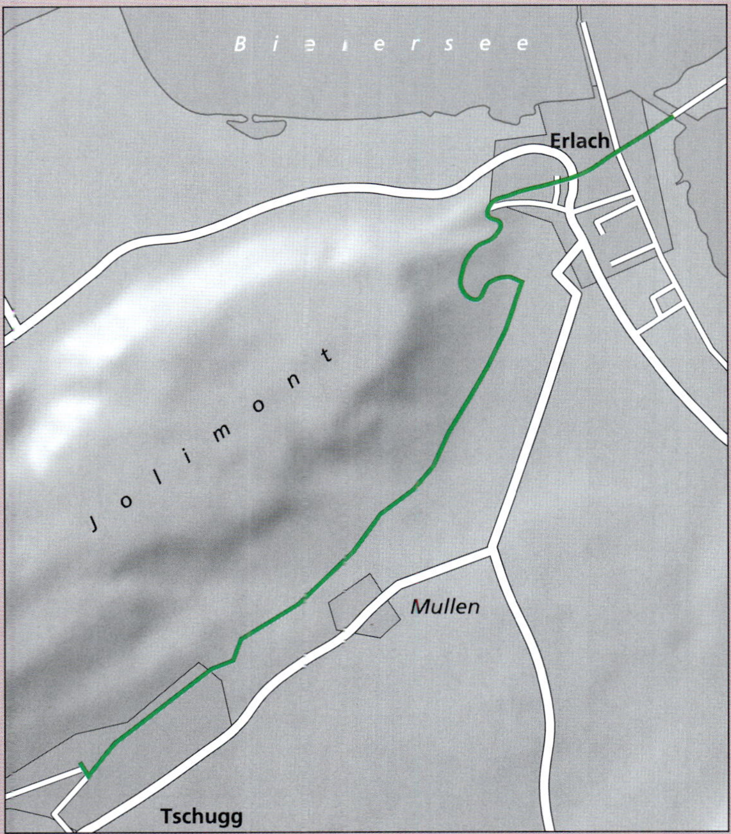

Über den Vully an die «freiburgische Riviera»

Lieblich schmiegen sich die Rebhänge an den Vully, der Murtensee sorgt für ein gutes Klima.

Warum gerade hier wandern?

- Herrliche Aussicht auf die Berner und die Freiburger Alpen, den Murtensee, die Stadt Murten, die Rebberge und Winzerdörfer.
- Schautafeln mit Informationen über Reben und Region, spezielle Tafeln für Kinder.
- Gefahrloser, wenig anstrengender Weg, auch mit Kinderwagen oder Velo zu befahren.
- Badeplätze am See.

Das Haar in der Suppe

Durchwegs befestigte, betonierte Wege, kein Naturbelag.

Wanderzeiten und Schwierigkeit

- Der Wanderweg zwischen Sugiez und Môtier ist rund vier Kilometer lang. Bei gemütlichem Tempo und Halten, um die Aussicht zu geniessen und die Schautafeln zu studieren, sind dafür rund 1½ Stunden zu veranschlagen. Wer zusätzlich noch die Grotten, das Oppidum und den Sarazenenturm besichtigen will, rechnet mit insgesamt etwa 4 Stunden.

■ Die Wanderung ist ausgesprochen leicht, nur gerade am Anfang gibt es einen etwas steileren Aufstieg, dann bleibt es flach oder allenfalls leicht hügelig.

Kinder? Velo?

■ Ein absolut kindergerechter Weg: Auf speziellen Informationstafeln erklärt das Maskottchen Viny den Rebbau (mit dem Endprodukt Traubensaft), und die Grotten sind für Kinder ein aufregendes Abenteuer.

■ Sobald man den ersten, steilen Aufstieg geschafft hat, sind die Wege nahezu ideal fürs Fahrrad. Vorsicht, auf den Strässchen verkehren hie und da auch Winzertraktore.

Das sollte man mitnehmen

Eine Taschenlampe für die Grotten. Und bei warmem Wetter das Badezeug.

Hin und zurück

Mit der Bahn

Sugiez ist mit der Bahn erreichbar. Vom Bahnhof sind es knapp 15 Minuten Fussmarsch zum Start des Weinwanderwegs. Die Informationsstelle beim Bahnhofkiosk hält kostenlose Faltprospekte zum Rebweg bereit. Bahnhof Sugiez: Telefon +41 (0)26 673 06 36.

Mit dem Schiff

Das Kursschiff von Murten nach Neuenburg legt in Sugiez (Broyekanal) an. Wer von Môtier wieder mit dem Schiff nach Sugiez zurückfahren will, studiere den Fahrplan genau: Abends fährt das letzte Schiff im Sommer bereits um 17.15 Uhr in Môtier ab. Fahrplanauskunft: Telefon +41 (0)32 729 96 00, www. navig.ch.

Mit dem Auto

Grosser Parkplatz bei der Schiffsanlegestelle in Sugiez, hinter dem Restaurant L'Ours.

Ein Blick in die Geschichte

Schon die Kelten und die Helvetier wussten das milde Klima dieser Gegend zu schätzen. Sie haben einige archäologisch erforschte Spuren hinterlassen, am deutlichsten beim Oppidum auf dem Vully, einer Befestigungsanlage der Helvetier, die ihr Zuhause jedoch willentlich abbrannten, bevor sie 58 v. Chr. nach Gallien weiterzogen. Diese Anlage könnte der keltische Vorläufer der römischen Handels- und Kulturstadt Aventicum (Avenches) gewesen sein. Im Mittelalter erhielt der Vully immer wieder neue Herren: Zuerst gehörte er den Zähringern, dann den Burgundern, bevor die Region Anfang des 14. Jahrhunderts an die Grafen von Neuenburg und Savoyen ging. Seit 1798 gehört der Vully definitiv zum Kanton Freiburg.
Aus der Eiszeit liegen geblieben ist ein grosser Findling, der jahrhundertelang «Palet tournant» hiess und erst vor kurzem nach dem einheimischen Geologen Louis Agassiz benannt wurde. «Palet tournant» bedeutet Dreh- oder Wurfstein – der Sage nach soll der Riese Gargantua ihn dem auf dem Mont Vully hausenden Teufel entgegengeschleudert haben. Eine andere Sage will wissen, dass sich der Block jeweils um Mitternacht, wenn die Glocken läuten, drehe und den Eingang ins Innere des Mont Vully freigebe.

Eine grosse Schautafel zeigt Wege und Standorte der Winzer.

Der 653 Meter hohe Mont Vully oder Wistenlacherberg liegt wie ein riesiger erratischer Block zwischen dem Murten- und dem Neuenburgersee.

Der «Sentier viticole» weist direkt hinauf in die Reben: Doch bevor wir das erste, allerdings nur kurze steile Stück in Angriff nehmen, studieren wir die grosse Informationstafel, neben der notabene als ein Zeichen des mediterranen Klimas ein Strauch mit Weinbergpfirsichen wächst. Auf dem Plan sind alle Wege am Vully – mit dem grösseren freiburgischen und dem kleineren waadtländischen Teil – eingezeichnet. Ausserdem sind insgesamt vierzehn Weinbauern aufgeführt, bei denen man für eine Degustation vorbeischauen kann. Die Weingüter liegen allerdings nicht direkt am Rebenpfad, sondern in den Dörfern Nant, Praz, Môtier und Mur. Eingezeichnet sind auch die historischen Stätten auf dem Vully wie die Tour des Sarrasins oder die Grotten, die einen Abstecher wert sind.

Vorerst geht es brav auf dem gut beschilderten Wanderweg Richtung Praz und

Die Route

Von Sugiez bis zum Vau de Nant

Beim Start in Sugiez weist ein Schild, «Gemüsepfad», hinaus ins flache Grand Marais oder Grosse Moos, den Gemüsegarten der Schweiz, jenes des «Sentier viticole» zeigt hinauf auf den Berg. Der Gegensatz zwischen den beiden Landschaften, die hier aufeinander treffen, könnte grösser nicht sein: Da die sonnendurchglühten, steinigen Rebhänge, dort die schwarzen, fruchtbaren, dem Sumpf abgerungenen Gemüseplantagen.

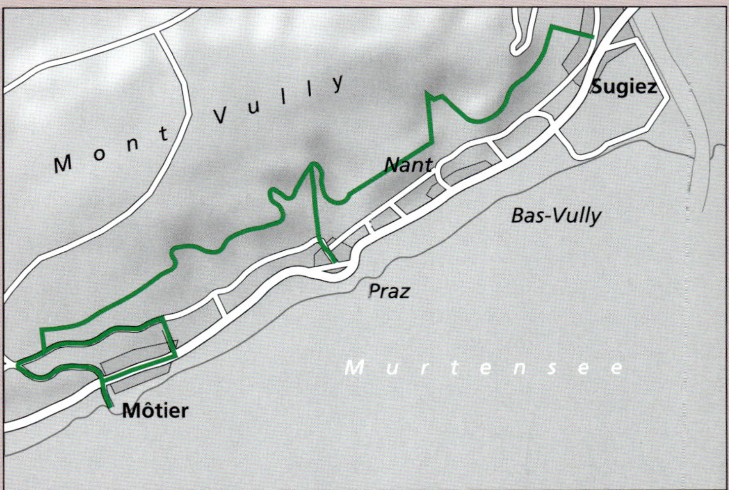

Môtier. Der Weg schlängelt sich dem Berg entlang, führt mitten durch die Reben, eröffnet immer wieder überwältigende Aussichten auf See und Berge. Oberhalb der Rebzeilen türmen sich die typischen Molasse- und Sandsteinfelsen. Diese Wände begleiten die Rebberge auf ihrer ganzen Länge, manchmal bedrohlich überhängend, manchmal vom Wald überwachsen. Der Boden, in dem die Reben wurzeln, ist im Lauf der Jahrtausende von diesen Felsen herabgerieselt. Er besteht aus Sand und Molasse-Kieselsteinen, ist karg und humusarm und schenkt den Vully-Weinen ihren ganz speziellen Charakter, den die Winzer «molassique» nennen.

Wer den Weg abkürzen möchte, kann den Wegweisern hinunter nach Nant oder später auch nach Praz folgen. Dann aber verpasst man einige der Informationstafeln, die über den Weinbau am Vully aufklären. Die grossen Tafeln sind für die Grossen, die kleineren mit der Comicfigur Viny für die Kinder. Wer sich die Zeit nimmt, alles zu lesen, lernt viel: Schon in der Jungsteinzeit wuchs auf dem Vully-Plateau die wilde Rebe Vitis vinifera sylvestris. Heute gedeihen hier Chasselas (immer weniger, heute noch 60%), Blauburgunder (25%) und als Spezialitäten Riesling×Sylvaner, Pinot gris, Gewürztraminer, Freisamer, Chardonnay, Pinot blanc, Muscat, Gamay, Garanoir, Gamaret, Merlot, Syrah und Cabernet. Als lokale Matadoren gelten der Freisamer und der Gewürztraminer. Beide wurden erst 1951 hier eingeführt. Der Freisamer ist eine Kreuzung von Sylvaner und Ruländer, und weil er in Freiburg im Breisgau geboren wurde, nennt man den rassigen, fruchtigen Weissen auf dem Vully meistens Freiburger.

Die gesamte Rebfläche am Vully beträgt heute 150 Hektar – 102 Hektar davon liegen im Kanton Freiburg, der Rest in der Waadt. Die Reben wachsen bis 500 Meter ü. M. den Felsen entgegen. Anfang der siebziger Jahre wurde eine Flurbereinigung durchgeführt, doch immer noch pflegen über hundert Winzer die meist kleinen Parzellen; nur fünfzehn davon machen als Selbsteinkellerer ihren eigenen Wein.

Die Grotten, ein Höhlensystem aus Kriegszeiten, begeistern heute vor allem die Kinder.

Seitensprünge

Wer die Rebenwanderung ausdehnen will, hängt den «historischen Pfad» mit der Begehung der Verteidigungsanlagen an. Oder hört in Môtier nicht auf, sondern marschiert weiter durch die Reben unterhalb des Dorfes Lugnorre bis nach Mur, dessen grösserer Teil schon im Kanton Waadt liegt. Ein weiterer Reblehrpfad führt von Vallamand-Dessous bergan nach Vallamand und dann westlich Richtung Bellerive, um oberhalb des Sees wieder am Ausgangsort zu enden. Hier findet übrigens immer am dritten Juliwochenende die «Balade gourmande du Vully» statt, eine Gourmetwanderung mit regionalen Speisen und dem passenden Wein dazu.

Tour des Sarrasins und Vau de Praz

Nach etwa einer halben Stunde Marschzeit lockt der erste Umweg: Tour des Sarrasins, Sarazenenturm, nennt der Volksmund die Überreste, die im Wald von einer alten Festung aus dem 12. oder 13. Jahrhundert zeugen. Von hier aus führt ein kleiner Weg auf den Gipfel des Bergs zu den Remparts des Helvètes oder dem Oppidum. Letzteres ist jedoch ein grösserer Umweg, während der Abstecher zur Turmruine nur rund eine halbe Stunde in Anspruch nimmt. Danach geht es weiter den Tafeln entlang. Auf dem folgenden, geraden Stück begleiten uns wieder die Felswände, die sich bei der Kurve ins Vau de Praz zu einem markanten Felskopf auftürmen. Hier sind die Rebberge sehr steil und gleichmässig besonnt, und die Reben gedeihen in diesen besten Lagen optimal. Dort, wo der Chemin des Creux den Weg kreuzt und der Wegweiser nach Praz hinunter zeigt, lässt sich nach nur etwa 200 Metern Umweg eine kleine Idylle entdecken: Über eine moosige Felswand fällt ein kleiner Wasserfall und verführt den Wanderer zu einer erfrischenden Rast.

Les Grottes und der Weg nach Môtier

Eine Überraschung versteckt sich etwas oberhalb der Stelle, wo der Chemin de Vaudigny vom Rebenweg abzweigt: die Grotten, ein Höhlensystem, das im Ersten Weltkrieg in den Sandstein gegraben wurde. Die militärische Vergangenheit sieht man dem vergnüglich zu begehenden Labyrinth von Gängen mit immer neuen Ausstiegen heute nicht mehr an. Der eine oder andere mag zwar im Dunkeln etwas Angst bekommen, aber man findet immer wieder hinaus. Wer auf Nummer sicher gehen will, nimmt eine Taschenlampe mit. Neben den Grotten kann man gemütlich unter Bäumen picknicken, es sei denn, man ziehe den Aufstieg zum Restaurant du Mont Vully vor. Die Aussicht von der dortigen Terrasse ist spektakulär und scheint die Besucher wie von selbst anzuziehen, ohne dass sich das Personal noch besonders anstrengen müsste ...
Nach insgesamt knapp eineinhalb Stunden Wanderung durch die Reben senkt sich der Weg dem alten Dorfkern von Môtier entgegen. Nun bleibt nur noch die Entscheidung, ob uns das Restaurant Du Port direkt am See, die verschiedenen Winzer, der Caveau, wo am Wochenende ab 17 Uhr die Vully-Weine ausgeschenkt werden, oder aber der Rückweg über den Vully am verlockendsten scheint.

Die Extras

Weindegustationen

■ Degustationen sind bei vielen Winzern der Region möglich. Auskunft im Office du Tourisme, Route Principale 69,

Der grössere Teil des Vully gehört zu Freiburg, der kleinere zur Waadt.

1786 Nant, Telefon +41 (0)26 673 18 72, www.levully.ch.

■ Der Caveau du Vully an der Route du Lac 114 in Môtier, der Degustationskeller der regionalen Winzer, ist von Freitag bis Sonntag von 17 bis 21 Uhr geöffnet. Telefon +41 (0)26 673 23 13.

■ Die Oenothek Rouge & Blanc, Route Principale 111 in Praz, bietet Degustationen an und auf Vorbestellung auch Essen für Gruppen bis zu 10 Personen, Telefon +41 (0)26 673 36 75.

Restaurants

■ Môtier: Restaurant du Port, Telefon +41 (0)26 673 14 02, Ruhetag Montag und Dienstag (im Sommer nur Montag). Schöne schattige Terrasse direkt am See.

■ Sugiez: Hotel-Restaurant de l'Ours, Telefon +41 (0)26 673 93 93, Ruhetag Dienstag und Mittwoch (Sommer nur Dienstag). Gute Küche, schöne Terrasse, angenehmes Bistro. Am Broyekanal gelegen.

■ Praz: Restaurant de l'Ecu, Telefon +41 (0)26 673 14 39, Ruhetag Montag und Dienstag. Regionale Küche, Platanengarten.

■ Praz: Hôtel-Restaurant-Cave Bel Air, Telefon +41 (0)26 673 14 14, Ruhetag Mittwoch und Donnerstag (Sommer nur Donnerstag). Schön am See gelegen, ist nach einem grossen Brand 2003 renoviert wiedereröffnet worden.

Besonderes

■ Den Gâteau du Vully aus Hefeteig mit Speck oder mit Rahm und Zucker gibt es in den Bäckereien Guillaume in Sugiez (auch Sonntagmorgen geöffnet) und Gaillet in Lugnorre und Nant. In der Cave du Champmontet von André und Annelise Ogi-Hurni im Dorf Bellerive werden jeden Samstag frische Vully-Kuchen gebacken und verkauft. Telefon +41 (0)26 677 17 19, www.caveduchampmontet.ch.

■ Schlafen und Essen auf dem Bauernhof: Gästezimmer oder Strohlager bietet Familie Gaillet im Eulenhof/Ferme du Hibou, 1787 Mur, Telefon +41 (0)26 673 18 85, an.

■ Die «Balade du Vully», eine Gourmetwanderung mit Speis und Trank an sechs Ständen entlang des Wanderwegs, findet jeweils am dritten Juliwochenende statt. Information: Balade Gourmande du Vully, Case postale 98, 1585 Salavaux, Telefon +41 (0)79 459 75 72.

Cortaillod: Von den Reben an den See

Warum gerade hier wandern?

- Berauschende Aussicht auf Rebberge, die sich dem Neuenburgersee entlangziehen.
- Gemütliches Schlendern durch ein gut erhaltenes, lebendiges Neuenburger Winzerdorf.
- Gute, authentische Lokale mit regionalen Spezialitäten.
- Nicht zu langer Weg, der aber nach Belieben verlängert werden kann.
- Schöne Bade- und Grillplätze am See.

Das Haar in der Suppe

Meistens befestigte Wege oder Strassen. Wegen einigen Treppen nicht mit Kinderwagen oder Rollstuhl befahrbar, es sei denn, man wählt einen Umweg.

Wanderzeiten und Schwierigkeit

- Die Rundwanderung ab Petit Cortaillod durch die Rebberge hinauf nach Cortaillod und zurück ist rund vier Kilometer lang. Die reine Marschzeit beträgt also nur etwa 1 Stunde, etwas zusätzliche Zeit sollte man sich aber für einen Bummel durchs Dorf oder einen Besuch samt Degustation im Caveau oder bei den einzelnen Winzern nehmen.
- Wer gerne länger marschiert, verlängert die Tour bis nach Boudry (Wegweiser im Dorfzentrum von Cortaillod beachten) und besucht dort im Schloss das sehenswerte Reben- und Weinmuseum (zusätzlich knapp 1 Stunde). Oder bummelt weiter dem See entlang bis zur Pointe du Grain (zusätzlich 30 Minuten) oder zum Hafen von Bevaix (nochmals weitere 20 Minuten). Der Bahnhof von Bevaix befindet sich rund 30 Fussminuten oberhalb des Hafens.
- Die Wanderung ist leicht, den Auf-

Mittendurch und geradeaus durch die Reben.

Petit Cortaillod liegt malerisch am See.

stieg kann man gemächlich nehmen. Und bei heissem Wetter verschafft ein Bad im See Kühlung.

Kinder? Velo?

■ Kinder werden den Spielplatz beim Hafen von Petit Cortaillod lieben: Sie können sich an einem Seil anschnallen und so kräftig auf dem Trampolin hüpfen, dass sie zu fliegen glauben. Zudem bietet die öffentlich zugängliche Buvette beim Campingplatz direkt nebenan weitere Spielgeräte.

■ Der beschriebene Weg durch die Reben ist für Radfahrer weniger gut geeignet – Velo abstellen und zu Fuss geniessen! Sehr schön ist dagegen der Radweg dem See entlang Richtung Bevaix, er ist Teil der grossen Veloroute rund um den Neuenburgersee.

Das sollte man mitnehmen

In der warmen Jahreszeit das Badezeug samt Badeschuhen für empfindliche Füsse, die den Kiesstrand scheuen. Und ein Picknick, falls man sich am Seeufer an einem der Rastplätze einrichten möchte.

Hin und zurück

Mit Bahn und Bus

Vom Bahnhof Neuchâtel per Standseilbahn und zu Fuss zur Place Pury, von dort mit der Schmalspurbahn TN Nr. 5 nach Areuse und von dort mit Bus Nr. 5 nach Cortaillod. Aussteigen bei der Haltestelle Bas de Sachet bei Petit Cortaillod. Wer die Rundwanderung wählt, steigt hier auch wieder ein und fährt via Areuse nach Neuenburg zurück oder aber legt die eineinhalb Kilometer bis Areuse zu Fuss zurück.

Für die längeren Varianten: Boudry und Bevaix Dorf liegen an der Bahnlinie von Neuchâtel nach Yverdon (Fahrplan www.sbb.ch oder Tourisme neuchâtelois,

Ein Wort zum Wein

Die Neuenburger Rebberge liegen auf sonnenverwöhnten Hängen zwischen See und Juragebirge. Die insgesamt 607 Hektar gelten als «das kleinste der grossen Anbaugebiete» des Schweizer Weins. Der Weinbau ist hier über tausend Jahre alt. Vorherrschend sind nach wie vor der lebendige und subtile weisse Chasselas und der feine und elegante rote Pinot noir. Heute werden rund drei Fünftel weisse Trauben und zwei Fünftel rote angebaut. Erfunden haben die Neuenburger auch den Œil-de-Perdrix, jenen lachsfarbenen Rosé aus nur kurz abgepressten Pinot-noir-Trauben. Der Name soll sich vom gleichfarbenen Auge des Rebhuhns ableiten. Inzwischen haben auch andere Weingebiete diese Bezeichnung übernommen.

Gross in Mode ist seit wenigen Jahren wieder die traditionelle Machart des unfiltrierten Weissen. Von diesem «Nonfiltré» werden heute über 100 000 Liter jährlich produziert, meist aus den besten Qualitäten. Der Wein bleibt auf der Hefe, bis die Trübstoffe absinken, und wird erst dann abgefüllt. Er schmeckt bestens zu den rustikalen Gaumenfreuden der Gegend, zu den Blutwürsten, würzigen Saucissons, Kutteln nach Neuenburgerart.

Die Häuser in der Region wurden oft aus dem pastellgelben Jurastein gebaut. Vielleicht ist es dieser Farbton, vielleicht aber auch die Stimmung in den beschaulichen Winzerdörfern: Wer die Weinberge am Neuenburgersee durchstreift, meint urplötzlich einen Hauch von mediterranem Lebensgefühl zu atmen.

Kurze Rast unter dem Kastanienbaum.

Blick über die Reben und den Seeuferweg zur Ponte du Grain.

Telefon +41 (0)32 889 68 90, www. neuchateltourisme.ch).

Mit dem Schiff
Das Kursschiff von Neuchâtel nach Cortaillod oder Bevaix Hafen fährt je nach Saison von Anfang Mai bis Ende September zwei- bis viermal täglich hin und zurück. Fahrplan und Auskunft: Telefon +41 (0)32 729 96 00, www.navig.ch.

Mit dem Auto
Parkplatz in Petit Cortaillod.

■ Die Route

Von Bas de Sachet nach Cortaillod
Die Wanderung beginnt dort, wo sich die Strasse gabelt: Linker Hand liegt das gesichtslose Industriequartier mit dem bemerkenswerten Restaurant Le Buffet d'un Tram, geradeaus führt die Strasse den Berg hinan in Richtung des alten Dorfkerns von Cortaillod. Wer mit dem öffentlichen Verkehr anreist, steigt hier bei der Haltestelle Bas de Sachet aus, wer mit dem Auto kommt, stellt es auf den grossen Parkplatz beim Informationshäuschen.

Von der Avenue François Borel biegt man direkt gegenüber des «Trambuffets» rechts in den Chemin de la Roussette ein. Auf dem Gang durch diese ruhige Strasse begleitet ein kleiner kanalisierter Wasserlauf den Wanderer. Man überquert einen Parkplatz und wählt den für Motorfahrzeuge gesperrten Weg, den Chemin des Crapauds – dass hier auf der Wiese nahe beim See des Nachts die Kröten (crapauds) und Frösche um die Wette quaken, kann man sich lebhaft vorstellen. Eindrücklich ist der Blick auf die Weite der neuenburgischen Rebberge, der sich nun auftut.

Der Umweg zum Hafen
Beim nächsten Strässchen muss man sich entscheiden: Wer das oben auf dem Berg liegende Cortaillod direkt und ohne Umweg anpeilen will, geht rechts. Wer eine Viertelstunde mehr einsetzen möchte, hält sich links und schlendert durch den Ortsteil Petit Cortaillod mit seinen alten Häusern, dem Hafen, einer hübschen Badeanstalt und dem Hotel-Restaurant Le Vaisseau mit seiner grossen Terrasse, um dann wieder zurück zum Chemin des Crapauds zu kommen. Besonders am Wochenende lohnt sich der Umweg, denn dann ist je nach Jahreszeit auch der Caveau geöffnet, wo die Winzer von Cortaillod ihre Weine zur Degustation ausschenken. Und wenn man Glück hat, ist direkt gegenüber die Cave von Jocelyn und Cinzia Vouga

offen: Die Vougas machen einen besonders feinen Chasselas non-filtré, eine Neuenburger Spezialität, die immer schnell ausverkauft ist.
Vom Chemin des Crapauds aus gesehen geht man rechts ein kurzes Stück die Strasse bergauf bis zu einer grossen Kurve. Dort biegt rechts ein Strässchen ab, das durch die Weinberge bergan führt. Oben zieht eine riesige alte Libanonzeder die Blicke auf sich: Sie ist das Wahrzeichen der Domaine des Cèdres, wo die Familie Porret seit Generationen bemerkenswerte Weine keltert.
Man überquert die nächste Strasse und biegt nach einem umzäunten Stück Land rechts in ein kleines Strässchen ein, das zu einem Schotterpfad wird und sich dann rechts als winziger Pfad durch Gärten und Häuser hindurchwindet, um in die Rue de la Goutte d'Or («Goldtröpfchen») zu münden. Nun sind wir im Dorfzentrum des alten Cortaillod; ein Bummel rund um die Kirche und – falls sich bereits der Hunger meldet – eine Einkehr im grossen Haus mit den gestreiften Fensterläden, in dem Hôtel de Commune, lohnt sich. Wer einen Umweg nach Boudry mit seinem Weinmuseum plant, folgt von hier dem Wegweiser.

Durchs Tor hinunter zum See

Gegenüber der Kirche, neben dem Haus Nummer 16, führt ein charmanter kleiner Torweg (Achtung, Kopf einziehen!) den Gärten entlang zurück und rechts hinein in die Weinberge. Das Strässchen mündet links in einen unbefestigten Weg, der zu einem herrlichen Plätzchen führt: Ein riesiger Kastanienbaum, zwei Bänklein, ein ungehinderter Blick auf schier endlose Rebberge und auf den glitzernden See – eine kurze Rast lohnt sich, bevor man die Treppenstufen hinunter steigt, die in den Seeuferweg (Sentier du Lac) münden.
Wer nun bereits genug hat, kann über den Campingplatz linker Hand und über Petit Cortaillod zum Ausgangspunkt zurückkehren. Es lohnt sich aber, die Wanderung rechter Hand auf dem Sentier du Lac bis zum beliebten Bade-

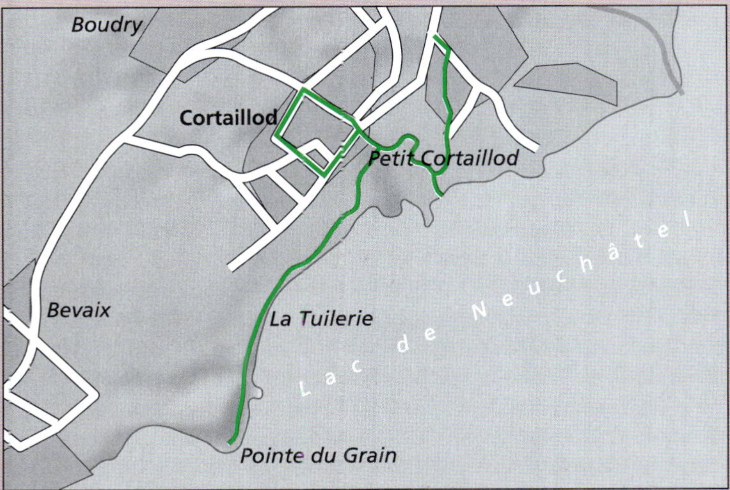

Seitensprünge in die Urzeit

Am Ufer des Neuenburgersees lebten schon vor 50 000 Jahren Menschen. Wie und wo, das zeigt auf eindrückliche Weise das «Laténium» am Seeufer bei Hauterive, drei Kilometer vom Stadtzentrum von Neuchâtel. Das Museum wurde als Archäologiepark gestaltet und im Jahr 2001 als grösstes und modernstes Schweizer Museum dieser Art eröffnet. Gezeigt werden unter anderem eine nachgebaute Seeufersiedlung aus der Bronzezeit sowie ein Jägerlager und ein Grabhügel der späten Eisenzeit. Zu den eindrucksvollsten Stücken gehören das Skelett eines Cromagnon-Menschen (ungefähr 12 000 Jahre alt) und der Menhir von Bevaix mit einem rätselhaften eingemeisselten Gesicht. Geöffnet Dienstag bis Sonntag 10 bis 17 Uhr. Information: Telefon +41 (0)32 889 69 17 oder www.latenium.ch.

platz Pointe du Grain fortzusetzen – ein Spaziergang von einer knappen halben Stunde. Wer mangels Badewetter lieber durch die Rebberge nach Cortaillod (und zur Bushaltestelle im Dorf) zurückkehrt, wählt den Chemin de la Tuilière und findet mühelos den Weg durch die Rebberge und die Altstadtgassen.

Die Pointe du Grain ist ein allerliebster Badeplatz mit Kiesstrand, Feuerstellen und einer hübschen Buvette (Kiosk mit Getränken und Grilladen) unter alten Bäumen. Hier trifft sich zur Sommerzeit Alt und Jung zum Spiel und zum Wasserspass. Und hier badeten bereits unsere Urahnen, wie Fundstücke bezeugen, die im «Laténium», dem archäologischen Museum von Neuchâtel, ausgestellt sind. Nach ausgiebiger Rast spaziert man zurück nach Petit Cortaillod oder weiter Richtung Bevaix Hafen. Inmitten der Weinberge steht die ehemalige Benediktinerabtei von Bevaix. Sie wurde im Jahr 998 erbaut und gilt als Wiege des Neuenburger Weinbaus. Einige romanische Bauteile der ursprünglichen Klosterkirche wurden 1605 bei der Erstellung der reformierten Kirche von Bevaix wiederverwendet, sie sind an deren Westportal zu entdecken. Zurück geht es mit einem der spärlich verkehrenden Schiffe (Fahrplan beachten) oder mit dem Zug ab Bevaix Dorf, was allerdings eine weitere halbe Stunde Marschzeit bedeutet.

Die Extras

Weindegustationen

■ Der Caveau von Cortaillod in Petit Cortaillod (Nähe Hafen) schenkt gegen Gebühr die Weine von fünf lokalen Winzern aus. Geöffnet von April bis Oktober jeweils Freitag und Samstag von 17 bis 20.30 Uhr und am Sonntag von 11 bis 13 und 17 bis 19 Uhr. Für grössere Gruppen auch auf Anmeldung: Telefon +41 (0)32 841 20 64 oder caveau@cortaillod.ch.

■ Die Weine aus Boudry kann man im Caveau de dégustation in der Tour de Pierre von Boudry degustieren. Der kleine mittelalterliche Turm steht mitten in den Weinbergen. Für den kleinen Hunger gibt es Neuenburger Würste und Käse. Geöffnet Anfang Mai bis Ende Oktober Freitag und Samstag 17 bis 20.30 Uhr, Sonntag 11 bis 12.20 und 16.30 bis 19 Uhr oder nach Vereinbarung: Telefon +41 (0)32 842 59 16.

Museen

■ Das Reben- und Weinmuseum von Boudry (Musée de la vigne et du vin) befindet sich im schönen und stolzen Schlossgebäude. Kommentierte Führungen sind auf Anfrage möglich, die Säle können für Bankette oder Apéros gemietet werden. Geöffnet Mittwoch bis Sonntag 14 bis 18 Uhr, Weihnachten bis Mitte Januar geschlossen, Telefon +41 (0)32 842 10 98.

■ Etwas weiter in den Neuenburger Bergen, im Val-de-Travers, findet sich die für Europa einmalige Möglichkeit, einen Kilometer ins Innere einer Asphaltmine vorzudringen. Die Temperatur beträgt konstant 8 Grad (Pulli mitbringen!). Sehenswerte Ausstellung, Restaurant mit der Spezialität «Schinken im Asphalt». Site de la Presta, 2105 Travers, Telefon +41 (0)32 863 30 10, täglich geöffnet zwischen 1. April und 20. Oktober, im Winter nur sonntags Führungen um 12 und 14 Uhr.

Restaurants

■ Cortaillod: Hôtel de Commune, Telefon +41 (0)32 842 11 17, Ruhetag Sonntag. Restaurant mit typischen Neuenburger Gerichten im Herzen von Cortaillod. Gute Küche, gemütliche Beiz, nette Terrasse vor dem Haus. Nur im Winter geöffnet ist das Gourmetlokal im ersten Stock.

■ Cortaillod: Le Buffet d'un Tram, Telefon +41 (0)32 842 29 92, täglich geöffnet. Beliebtes Lokal, schlichte, aber

Der Sentier du Lac hält mehrere Varianten bereit.

Das Zentrum von Cortaillod lädt zum Bummel.

auch überraschende Gerichte, hausgemachte Tartes.

■ Neuchâtel: Brasserie Le Cardinal, Rue du Seyon 9, Telefon +41 (0)32 725 12 86, Ruhetag Sonntag. Gute Küche, Produkte der Region, auch bekannt für Meeresfrüchte, grosse Weinkarte. Authentisches Dekor aus der Zeit der Jahrhundertwende.

Besonderes

■ Jeweils am ersten Maiwochenende (Freitag/Samstag) öffnen die Neuenburger Winzer ihre Keller und laden zur Verkostung ein. Information: Telefon +41 (0)32 889 68 90, www.ovpt.ch.

■ Neu ins Leben gerufen wurde im September 2004 eine «Balade gourmande» in Neuchâtel. Sie soll jährlich wiederholt werden. Auskunft bei Tourisme neuchâtelois, Hotel des Postes, 2001 Neuchâtel, Telefon +41 (0)32 889 68 90, www.neuchateltourisme.ch.

Beim Tourisme neuchâtelois können Auskünfte und Prospekte über alle Angebote im Kanton Neuenburg angefordert werden.

Der Reblehrpfad von Dardagny: Eine kleine Weinuniversität im Freien

Warum gerade hier wandern?

- Einer der interessantesten Reblehrpfade der ganzen Schweiz. Auf insgesamt 24 Informationstafeln und anhand einer Broschüre kann man sich über viele Aspekte des Weinbaus und der einheimischen Fauna und Flora informieren.
- Hier bedeutet wandern eher schlendern, lernen und entdecken. Man spaziert den eigenen Interessen folgend kreuz und quer durch den prachtvollen Rebhang und von einem Aha-Erlebnis zum andern.
- Das Dorf mit seinem imposanten Schloss hat für sein gut erhaltenes Ortsbild 1978 den Wakker-Preis erhalten.
- Für Naturliebhaber ist die Schlucht des Allondon ein kleines Paradies.

Das Haar in der Suppe

Das Angebot ist so vielfältig, dass man nur ein Problem hat: die Qual der Wahl.

Wanderzeiten und Schwierigkeit

Besondere Schwierigkeiten gibt es keine. Man kann sich seine Wanderung an-

Das imposante Château von Dardagny ist die grösste Schlossanlage des Kantons Genf.

hand der Broschüre und der Informationstafeln selbst zusammenstellen. Wenn man alles anschauen will, wandert man etwa 7,5 Kilometer mit einigen wenig anstrengenden Steigungen. Da man dabei immer wieder lesen muss, sollte man genügend Zeit einplanen. Etwa 3 Stunden genügen. Wer weniger Zeit hat, kann eine entsprechend kürzere Variante wählen.

Kinder? Velo?

Die Wanderung ist für Familien ausgesprochen empfehlenswert. Es gibt viel zu sehen und wird daher nie langweilig.
Fahrradfahrer kommen ebenfalls auf ihre Rechnung, müssen aber immer wieder anhalten, um die Tafeln zu lesen.

Das sollte man mitnehmen

Die Gemeinde Dardagny hat eine schön gestaltete Broschüre zum Weinwanderweg herausgegeben, die man sich unbedingt besorgen sollte, um schon vorher die Route planen zu können. Sie ist am Bahnhof in La Plaine, in den Gasthäusern und bei den Winzern der Umgebung kostenlos erhältlich, ebenso in der Mairie (Gemeindeverwaltung im Schloss), die sie Ihnen auch gerne zuschickt: Telefon +41 (0)22 754 12 30, Montag bis Freitag 8 bis 12 und 13.30 bis 17 Uhr.

Hin und zurück

Mit der Bahn

Von Genf aus fährt ein Regionalzug in 18 Minuten bis zur Haltestelle La Plaine. Von hier mit dem Bus nach Dardagny, allerdings fährt der Bus in den Schulferien nicht; dann steht ein Busservice auf Abruf zur Verfügung (Gratisnummer 0800 858 800 von 6 Uhr bis 24 Uhr, 1 Stunde vorher anrufen). Man kann aber von La Plaine aus

La Plaine. Jenseits der Bahnschranke liegt die Steillage La Donzelle.

sehr gut bis Dardagny wandern (siehe unten).

Mit dem Auto

Im Hof des Schlosses und gegenüber der Auberge de Dardagny gibt es genügend Parkplätze. Bei Wanderung von La Plaine aus kann man den Wagen gegenüber dem Hotel La Donzelle auf einem grossen Parkplatz abstellen. Dort beginnt jenseits der Bahnschranke gleich die Wanderung.

■ Die Route

Von La Plaine bis Dardagny

Wenn Sie mit der Bahn angereist sind, beginnt der Wanderweg bereits im Bahnhof selbst. Sie können nämlich auf einem kleinen Weg vom Bahnsteig aus direkt den Geleisen entlang zurückgehen, bis Sie auf eine Bahnschranke stossen, die immer geschlossen ist. Dort beginnt der Weg, der uns zum Auftakt

Seitensprung ins Tal des Allondon

Dieser westlichste Fluss der Schweiz durchfliesst ein kleines, tief eingeschnittenes Tal, das seit 1968 unter Naturschutz steht. Eine Vielzahl seltener Pflanzen und Tiere konnte sich so hier erhalten. Ein Spaziergang durch dieses wilde und nach jedem Gewitter vom Hochwasser wieder umgeformte Tälchen bietet ein eindrückliches Naturerlebnis. Am besten stellt man seinen Wagen in Malval auf dem Parkplatz ab und folgt dem Wanderweg von der Kapelle aus dem 12. Jahrhundert aus durch das Tal. Der ganze Weg bis zur Rhone ist etwa vier Kilometer lang, aber man kann natürlich jederzeit umkehren. Gute Schuhe sind ein Muss. Für Kinder ist diese Wildnis ein Paradies.

gleich eine kleine sportliche Leistung abverlangt. Es geht nämlich in der geraden Falllinie durch die prachtvolle, direkt gegen Süden offene Steillage La Donzelle sechzig Meter in die Höhe. Zweifellos ist dies einer der eindrücklichsten Weinberge des Kantons. Und schon deshalb sollte man ihn besteigen. Vermutlich werden hier auch die Fahrradfahrer aus dem Sattel steigen müssen. Oben öffnet sich ein erstaunlich flaches Plateau, das auf drei Seiten von schluchtartigen Tälern umgeben ist und deshalb seit der Römerzeit besiedelt war, wie archäologische Funde belegen.

Informationstafel am Wegrand.

Das Dorf, das man im Westen sieht, ist Challex und liegt bereits in Frankreich. Gegen Osten hat man einen schönen Blick auf das über dem Tal des Flüsschens Allondon liegende Russin mit seinen Weinbergen, seinem Château genannten Herrenhaus und der schönen Dorfsilhouette. Nach etwa einer Viertelstunde auf ebenem Weg erreichen wir nach einem Tennisplatz die «Salle polyvalente», das Mehrzweckgebäude der Gemeinde. Gleich hinter dem dazugehörigen Parkplatz steigt man bei einer gut sichtbaren Informationstafel in den Weinwanderweg ein.

Wer in Dardagny beginnt, geht gegenüber der Auberge de Dardagny gerade den Chemin de Bertholier hinunter und trifft dort auf die erste Tafel.

Der Weinwanderweg

Auf der Karte sehen Sie die verschiedenen Wege mit den Informationstafeln. Wählen Sie je nach Interesse und Zeit ihren eigenen Weg aus oder durchstreifen Sie einfach etwas das Gebiet nach Belieben. Dabei stossen Sie vielleicht auch auf einen jungen Bildhauer, der am östlichen Rand der Weinberge, dort wo der Weg dem Waldrand folgt, aus Eichenstämmen mehrere Meter hohe Figuren gestaltet. Er habe hier noch Arbeit für einige Jahre, meinte er. Sein Name ist Pierre-Yves Turlo (turlopy@hotmail.ch).

Kreuz und quer führt der Reblehrpfad durch diesen sanften Hang.

Wenn Sie wieder ins Dorf zurückkehren, sehen Sie gleich nach der Brücke links im Tal das Weingut von Stéphan Gros. Diesem sympathischen jungen Winzer verdanken wir die Weinwanderwege von Dardagny. Er hatte die Idee und dann auch die Begeisterungsfähigkeit und Energie, um dieses grosse Projekt zu verwirklichen. Nun ist er daran, in der Scheune seines Weinguts eine Galerie mit moderner Kunst einzurichten. Vielleicht schauen Sie dort einfach mal rein. Im Dorf ist die Hauptsehenswürdigkeit natürlich das Schloss. Bis ins 17. Jahrhundert standen hier durch ein Strässchen getrennt zwei kleinere befestigte Herrenhäuser, die zwei rivalisierenden Familien gehörten. Dann kamen beide in die Hand von Daniel Favre, der sie 1655 zur heutigen Schlossanlage verband. Der rechteckige Bau mit den vier Ecktürmen und der eindrücklichen klassizistischen Fassade ist das grösste Schloss des Kantons. Seit 1904 gehört es der Gemeinde, die darin ihre Verwaltung, die Schule und drei Wohnungen

An den Eichenstämmen links im Bild hat der Bildhauer Pierre-Yves Turlo wohl noch einige Jahre zu schnitzen.

Schloss und Rebberge von Dardagny.

untergebracht hat. Es lohnt sich, auch einen Blick ins Innere zu werfen und das repräsentative Treppenhaus zu bewundern.

Die Extras

Rund um den Wein

- In der kleinen Broschüre «Guide de la Balade Viticole à Dardagny» (siehe unter «Das sollte man mitnehmen») sind sämtliche Winzer des Orts mit ihren Weinen und den Öffnungszeiten ihrer Keller aufgeführt.
- Führungen: Stéphane Gros, der Initiant der Weinwanderwege, macht selbst Führungen auf Französisch oder vermittelt den Kontakt zu Winzern, die Führungen leiten. Stéphane Gros, Chemin de Bertholier, Dardagny, Telefon +41 (0)22 754 00 18 oder +41 (0)79 516 26 42. Für Führungen auf Deutsch: Mme M. Gonseth, Telefon +41 (0)79 216 28 76, gonseth@vtx.ch.
- Das Weingut Clos des Pins wird schon seit elf Generationen von der Familie Ramu bewirtschaftet, und auch der heutige Besitzer, Marc Ramu, führt die Tradition mit ungebrochenem Elan weiter. Berühmt und mehrfach mit Goldmedaillen ausgezeichnet sind seine Süssweine, die er aus Muscat und aus Gamaret keltert. Route du Mandement 458, Dardagny, Telefon +41 (0)22 754 14 57. Geöffnet Montag bis Freitag von 17.30 bis 18.30 und Samstagvormittag von 9 bis 12 Uhr.
- Auch das Weingut Domaine Les Hutins ist seit vielen Generationen in der Hand der gleichen Familie. Hier sucht man innovativ neue Wege mit alternativen Rebsorten und modernen Kellertechniken. Das Gut gehört sicher zu den

besten des Kantons. Chemin de Brive 8, Dardagny, Telefon +41 (0)22 754 12 05. Geöffnet Freitagabend von 17 bis 18.30 und Samstag von 9 bis 12 Uhr.

Restaurants

- La Plaine: Restaurant Les Platanes, Telefon +41 (0)22 754 19 60. Schönes Bistro mit niveauvoller traditioneller Küche und ausgesprochen freundlicher Bedienung. Vorher reservieren, die Genfer haben dieses Bijou auch schon entdeckt.
- Restaurant in Russin, siehe folgende Wanderung, Seite 55.

Besonderes

Dardagny beherbergt ein ganz besonderes kleines Juwel: Le Musée du Jouet, ein Spielzeugmuseum mit Spielsachen, die zum Teil mehr als zweihundert Jahre alt sind. Die Keramikkünstlerin Pernette Gaulis hat sie zusammengetragen und öffnet ihr zauberhaftes Haus jeden Mittwoch von 14 bis 18 Uhr für Besucher. Zu anderen Zeiten kann man sie telefonisch erreichen (+41 (0)22 754 15 11).

Zur Qualitätssteigerung werden die überzähligen Trauben vor der Reife herausgeschnitten.

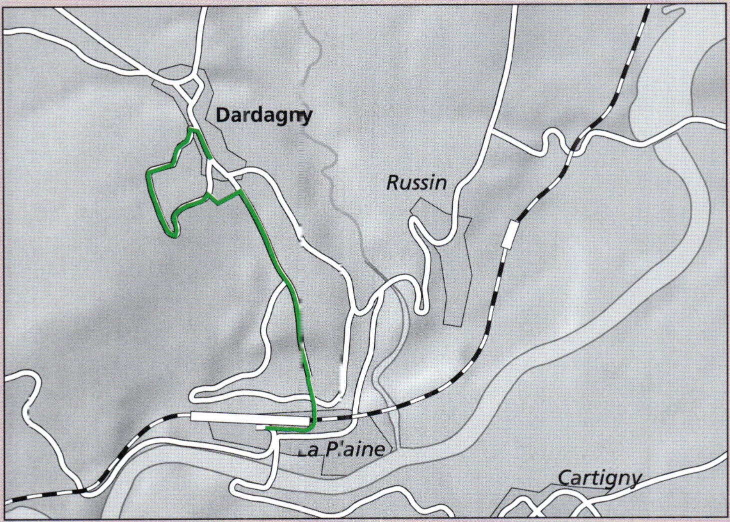

Die grösste Weinbaugemeinde der Schweiz: Das Mandement

Warum gerade hier wandern?

- Schöne und sehr abwechslungsreiche Wanderung durch das grösste zusammenhängende Rebbaugebiet des Kantons Genf.
- Die Wanderung führt durch gut erhaltene Winzerdörfer, vorbei an adeligen Villen mit historischen Parkanlagen, durch Weinberge und eine von der Industrie noch weitgehend ungestörte bäuerlich geprägte Landschaft.
- Als Seitensprung kann man am Ende der Wanderung die einmalige, unter Naturschutz stehende Auenlandschaft der Teppes de Verbois besuchen.
- Noch gibt es hier kaum Touristen. Man fühlt sich als Pionier auf Entdeckungsreise.

Die Fassade der im 19. Jahrhundert zerstörten Kirche von Peissy.

Das Haar in der Suppe

Da die Weinwanderwege im Kanton Genf weder ausgeschildert noch eigentlich gepflegt sind, muss man sich anhand der Karte und der Beschreibung selbst seinen Weg suchen. Man begegnet dafür kaum anderen Wanderern und darf sich etwas als Pionier fühlen.
Die Wanderung führt teilweise auch über kleine Land- und Nebenstrassen, die allerdings wenig befahren sind.

Wanderzeiten und Schwierigkeit

Die ganze Strecke ist etwa neun Kilometer lang. Man sollte dafür rund 3 bis 4 Stunden einrechnen. Am Anfang steigt der Weg nicht allzu steil um etwa achtzig Höhenmeter an, dann geht es immer leicht bergab.

Kinder? Velo?

Für kleinere Kinder bietet die Wanderung keine besonderen zusätzlichen Attraktionen und könnte deshalb etwas lang werden.
Der grösste Teil der Strecke ist mit dem Velo gut befahrbar, dazwischen geht es aber auch über Feldwege. Darüber

freuen sich die Tourenfahrer und Mountainbiker, alle anderen müssen ihr Velo vielleicht für kurze Zeit schieben.

Das sollte man mitnehmen

Fahrplan mit den Zugsabfahrten von Russin zurück nach Satigny.

Hin und zurück

Mit der Bahn

Von Genf aus mit den SBB Richtung La Plaine bis Satigny Gare. Der Zug fährt stündlich und in den Stosszeiten halbstündlich. Dann zu Fuss gemäss Beschreibung oder mit dem Bus Linie W bis Satigny Temple. Informationen über die Busverbindungen finden Sie unter www.unireso.ch oder unter der Telefonnummer 0900 022 021, täglich 7 bis 20 Uhr (1.19 Fr./Minute).

Mit dem Auto

Den Wagen parken Sie am besten beim Bahnhof von Satigny Gare, wo Sie bei der Rückkehr von Russin mit dem Zug ankommen. Dann zu Fuss oder mit dem Bus Linie W wie oben beschrieben.

■ Die Route

Von Satigny Gare bis Choully

Zugegeben, die ersten zwanzig Minuten dieser Wanderung sind nicht gerade ma-

Über den sanften Hügelrücken des Mardement geht der Blick weit hinüber bis zu den Weinbergen von Dardagny.

lerisch; sie führen vom Bahnhof Satigny zum oberen Dorfteil Satigny-Dessus. Wenn man Glück hat und gerade ein Bus (Linie W) fährt, kann man sich dieses Teilstück ohne Verlust sparen. In diesem Fall fahren Sie drei Stationen bis Satigny Temple. Wer zu Fuss geht, folgt vom Bahnhof dem gelben Wanderwegweiser nach links in Richtung Choully und gelangt so ebenfalls hinauf nach Satigny-Dessus, wo wir dem Weg nicht mehr weiter folgen, sondern bei der Kreuzung nach rechts in Richtung Bourdigny abzweigen. Nach wenigen Schritten öffnet sich rechts der Vorplatz der Kirche. Hier stand schon vor über tausend Jahren ein Benediktinerkloster. Die Kirche wurde mehrfach umgebaut, besonders schön ist im Innern ihr spätgotischer Chor. Rechts der Kirche, wo heute das Pfarrhaus von 1712 steht, befanden sich früher die Klostergebäude. Auf der anderen Strassenseite fällt ein grosses, stattliches Haus ins Auge. Es diente wohl einst dem Kloster als Herberge für seine Pilger und Gäste.

Nun erreichen wir die Rebberge. Wir sind hier im Zentrum des Mandement, eines grossen Hügelzugs, dessen ebenmässig abfallender Osthang ideale Bedingungen für den Weinbau bietet. Der Himmel ist weit. Die Sonne scheint hier schon am frühen Morgen in die Rebzeilen hinein und erreicht sie auch noch am

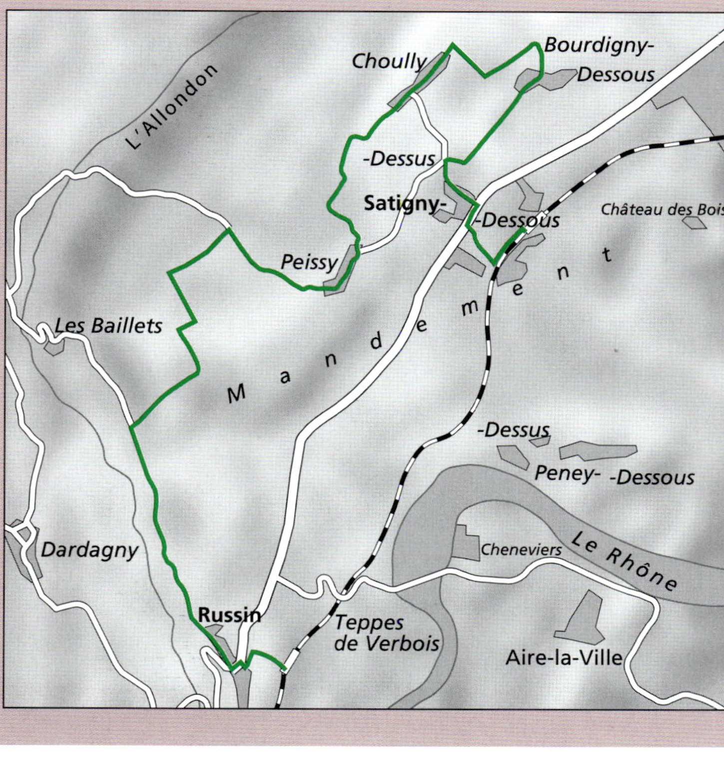

Abend. Der ganze Hang ist daher lückenlos mit Reben bepflanzt. Satigny wurde so mit insgesamt 487 Hektar Weinbergen zur grössten Rebbaugemeinde der Schweiz.
Nach etwa 300 Metern sehen wir rechts von der Strasse ein sehr schönes Beispiel eines alten Genfer Herrenhauses. Es wurde um 1700 in französischem Stil mit einem nach unten gezogenen sogenannten Mansartdach erbaut. Die dazugehörenden Wirtschaftsgebäude sind etwas älter. In Bourdigny-Dessous durchqueren wir das Dorf, bis wir auf einen schönen, gedeckten Brunnen stossen, von dort folgen wir den gelben Wanderwegmarkierungen auf der kleinen Landstrasse nach links in die Weinberge hinauf. Bald schon können wir die Landstrasse nach links wieder verlassen (gelber Wegweiser). Vor uns erscheint auf einer Terrasse eine grosse Baumgruppe aus schönen, alten Bäumen, die schon fast wie ein Wald aussieht. Sie gehört zum Park des Schlosses von Choully. Am Ende dieses Weges geht es nach rechts hinauf, bis man auf der Höhe des Hügelrückens wieder auf die kleine Landstrasse stösst. Nun öffnet sich der Blick auf das ganze Panorama rund um das Genfer Seebecken. Und mitten drin liegt geschützt und von der Sonne verwöhnt der Hügelzug des Mandement.
Wir folgen der Landstrasse nach links ins Dorf hinein. Bald erreichen wir auch das Schloss, welches das Zentrum des grossen Parks bildet, dessen markante Baumgruppe wir auf dem Weg zum Dorf bereits gesehen haben und der sich hoch über Satigny zum Rhonetal hin öffnet. Das Schloss selbst wurde Anfang des 18. Jahrhunderts in streng symmetrischem klassizistischem Stil erbaut. Das Dorf liegt langgestreckt links und rechts

Ein Wort zum Wein

Die südliche Lage der Genfer Weinberge lässt hier den Frühling schon früh beginnen und den Herbst lange andauern, zudem schützen die umliegenden Berge die Landschaft vor kalten Winden oder heftigen Wetterwechseln. Zusätzlich wirkt der nahe See als Temperaturdämpfer: Die Sommer werden nicht allzu heiss und die Winter nicht übermässig kalt. Die Weite des Beckens öffnet sich auf einen ebenso weiten Himmel, der den Weinbergen eine lange tägliche Sonnenscheindauer schenkt. Es erstaunt daher nicht, dass auf den sanften Hügeln des Mandement schon seit über zweitausend Jahren Wein angebaut wird.
Das Mandement, das mit über 850 Hektar grösste Weinbaugebiet des Kan-

tons Genf, liegt auf der rechten Rhoneseite geschützt unter den Jurahöhen. Seit alters wird hier wie im benachbarten Waadtland Chasselas angepflanzt und wie im nahen Beaujolais leichter, fruchtig-frischer Gamay. Seit den frühen neunziger Jahren ist die Region aber in Bewegung geraten. Zwar beherrschen diese beiden traditionellen Sorten noch immer die Szene, daneben sind aber neue Akteure auf die Bühne getreten, die für frischen Wind sorgen: Bei den Weissweinen sind es vor allem Chardonnay, Sauvignon blanc, Aligoté und die weissen Burgunder, Pinot blanc und Pinot gris; bei den Rotweinen neben den internationalen Klassikern (Merlot, Pinot noir und Cabernet Sauvignon) vor allem der Gamaret, der neue Star am Genfer Weinhimmel. Er ist 1970 aus einer Kreuzung zwischen Gamay und einer sonst kaum bekannten weissen (!) Rebsorte, dem Reichensteiner, hervorgegangen und ergibt farbkräftige und angenehm würzige Weine, die man durchaus auch einige Jahre lagern kann. Aber auch der «alte Gamay» ist drauf und dran, eine ganz neue Karriere zu beginnen, denn viele innovative Winzer versuchen aus dieser charmanten Rebsorte mit Erfolg mehr zu machen als bloss süffig-flache Alltagstropfen. Das Resultat sind oft erstaunlich gut strukturierte, konzentrierte und fleischige Weine.

der Hauptstrasse auf der Hügelkrete. Im Vorbeigehen beachten wir rechts die Auberge de Choully (siehe Restaurants).

Von Choully über Peissy nach Russin

Wir durchqueren das Dorf und bleiben auf der Landstrasse nach Peissy. Etwa hundert Meter nach dem Wasserturm liegt rechts der Strasse ein wunderbarer Picknickplatz mit Feuerstellen unter schattigen Bäumen – für das Holz muss man allerdings selbst besorgt sein. Die Strasse folgt anschliessend einer Reihe von eindrücklichen, zum Teil wohl jahrhundertealten Eichen, die allerdings nach und nach ersetzt werden müssen. Im Dorf Peissy fällt die interessante moderne Glaswand der Domaine des Trois Etoiles ins Auge, die sich charaktervoll mit der alten Architektur verbindet. Im grossen Degustationskeller dieser Domaine finden auch Konzerte mit Jazz und klassischer Musik statt. Mitten im Dorf steht wie eine Theaterkulisse die Fassade der alten, im 19. Jahrhundert zerstörten protestantischen Kirche. Über der Eingangstür hängt noch die Glocke, aber die Tür führt heute nur noch ins Leere.

Nach dem Dorfausgang folgen wir der Strasse nach Les Granges und Malval. Von hier aus öffnet sich ein schöner Blick auf die jenseits des schluchtartigen Tals des Allondon liegenden Weinberge von Dardagny.

Etwa 500 Meter nach dem Dorfausgang von Peissy treffen wir auf eine Gruppe von Hangars (Garage du Vignoble), kurz danach biegt links ein Weg ab, der direkt auf einen Wald zuführt. Diesem folgen wir bis zum Wald und gehen dort nach links. Jetzt muss man in dem Gewirr von Feldwegen etwas aufpassen. Kurz nach dem Wald folgen wir einem gelben Wegweiser nach rechts, dann nach wenigen Schritten wieder nach links, nach weiteren etwa 300 Metern geht es rechts auf einen gelben Hangar zu, der uns als Orientierungshilfe dienen kann. Bald nach dem Hangar stossen wir dann auf die Landstrasse von Genf nach Satigny. Unter einer kleinen Föhrengruppe hat hier die Gemeinde

Russin einen Gedenkstein für General Guisan eingerichtet. Jenseits der Landstrasse zweigt ein kleines Strässchen ab, das der Schlucht des Allondon folgt und uns ins Dorf Russin führt. Hier laufen die Hänge der Weinberge in eine flache Ebene aus. Die Reben treten zurück und machen anderen Kulturen Platz: Apfelbäumen, Mais, Sonnenblumen und Getreide. Jenseits der Schlucht sieht man das eindrückliche Schloss von Dardagny aus den Baumwipfeln ragen, es bildet die grösste Schlossanlage im Kanton. Dahinter ziehen sich die Weinberge von Dardagny den Hang hoch und setzen sich ohne Unterbruch jenseits der Landesgrenze bis zum benachbarten Dorf Challex fort. Nach den ersten Häusern des Dorfes kann man links in den grossen Hof des Landhauses La Grand' Court blicken. Man sieht diesem Gebäudekomplex an, dass er über mehrere Jahrhunderte gewachsen ist. Die beiden

Der Gedenkstein für General Guisan steht an der Weggabelung nach Russin.

rechteckigen Türme mit den schönen Galerien dazwischen stammen aber aus dem 17. Jahrhundert.
Zurück auf der Hauptstrasse gehen wir nach links bis zu der 1916 aus Jurasteinen erbauten Schule, dort folgen wir dem Wegweiser nach rechts hinunter zum Bahnhof von Russin. Der Weg führt uns durch die etwas versteckten

Aus einem mittelalterlichen Kern ist über die Jahrhunderte das grosse Landhaus La Grand'Cour gewachsen.

Lagen der Côtes de Russin, die hervorragend geschützt nach Südosten ausgerichtet sind und von der ausgleichenden Nähe der Rhone profitieren. Jenseits der Bahngeleise dehnt sich das Naturschutzgebiet der Teppes de Verbois aus, das einen kurzen Abstecher lohnt (siehe Seitensprünge)

Die Extras

Weindegustationen

■ Viele Winzer stellen abends ein Schild vor das Haus: «Cave ouverte». In diesem Fall freuen sie sich über Ihren Besuch. Auf www.satigny.ch und www.russin.ch finden Sie unter dem Stichwort «Entreprises – Services» eine Liste mit Winzeradressen. Hier eine kleine Auswahl:

■ Choully: Domaine des Abeilles d'Or, Route du Moulin Fabry 3, Telefon +41 (0)22 753 16 37. Die Familie war schon hier, als es das Dorf noch gar nicht gab. Ihre Weissweine sind zu Recht berühmt und gesucht, aber auch der rote «Douce Noire» wurde schon mehrfach ausgezeichnet. Geöffnet Montag bis Freitag von 17 bis 19 und Samstag von 10 bis 14 Uhr.

■ Peissy: Cave Les Perrières, Route de Peissy 54, Telefon +41 (0)22 753 90 00. Dieses alte, schöne Weingut bewirtschaftet fast 50 Hektar Weinberge und gehört wegen seiner Grösse aber auch wegen seiner behutsamen und naturnahen Arbeit zu den führenden Betrieben des Kantons. Geöffnet täglich von 9 bis 12 und von 14 bis 18 Uhr (Samstag bis 17 Uhr).

Das streng klassizistische Schloss am Eingang von Choully bildet den Mittelpunkt einer grossen Gartenanlage.

■ Satigny: La Cave de Genève, Route du Mandement 140, Telefon +41 (0)22 753 11 33. Diese Kellerei verarbeitet die Trauben von 120 Winzern mit zusammen mehr als 450 Hektar Rebfläche und 15 verschiedenen Rebsorten. Ungeachtet dieser Grösse bleibt das Motto der Kellerei: «Nous cultivons la qualité». Und auf Qualität werden die Winzer auch per Vertrag eingeschworen. Man kann die Keller besuchen, Weine degustieren, aber auch für Gesellschaften bis 30 Personen kleine Empfänge organisieren. Die Kellerei ist täglich (ausser Samstag und Sonntag) von 8 bis 12 und von 13.30 bis 16.30 Uhr geöffnet.

Restaurants

■ Choully: Auberge de Choully, Crête-de-Choully 19, Telefon +41 (0)22 753 12 03, www.auberge-de-choully.ch. Sehr schöner Garten mit riesiger Platane. Gepflegte Küche, schöne Auswahl lokaler Weine, aufmerksame Bedienung.

■ Russin: Auberge du Vignoble doré, Route du Mandemant 332, Telefon +41 (0)22 754 11 23, www.vignobledore.com, Ruhetag Montag. Gute lokale Küche, freundliche Bedienung.

Besonderes

■ Jedes Jahr am Wochenende des Eidgenössischen Bettags feiern die Einwohner und Vereine von Russin das grösste Winzerfest des Kantons Genf mit einem grossen Umzug. Am Abend und in der Nacht wird mit Musik und Fanfarenklängen in den Kellern und Höfen des Dorfes gefeiert und getanzt.

■ In Russin bieten Fernand und Lisette Pittet auf ihrem Weingut, Chemin de la Croix-de-Plomb 34, Telefon +41 (0)22 754 12 37, neun einfache Zimmer an. Schön ist die Terrasse mit einem herrlichen Blick auf die Weinberge von Dardagny, und man frühstückt im Schatten eines mächtigen Sequoia-Baums.

Seitensprünge: Teppes de Verbois

Bis vor hundert Jahren wurde die Rhone zwischen den Steilhängen von Russin und Cartigny vom Delta des Flüsschens Allondon leicht zurückgestaut und bildete eine Sumpfebene, in der sie in immer wieder neuen Armen frei dahinfloss oder auch in Sumpfteichen zum Stillstand kam. In den dreissiger Jahren des letzten Jahrhunderts wurde der Fluss dann im Zuge des Staudammbaus kanalisiert, und seine Mäander trockneten aus, seit den späten vierziger Jahren wurde hier Kies abgebaut, bis man in den siebziger- und achtziger Jahren mit einem neuen Umweltbewusstsein daran ging, diese einmalige Auenlandschaft wieder der Natur zurückzugeben. Heute haben sich wieder drei grosse Teiche gebildet, auf Kiesbänken und in stehenden Gewässern bilden sich neue Lebensgemeinschaften mit einer stetig wachsenden Artenvielfalt an Tieren und Pflanzen. Ein Wanderweg mit Informationstafeln ist gut erreichbar von der SBB-Station Russin aus eingerichtet worden. Fernand Pittet in Russin bietet auch Führungen an (Telefon +41 (0)22 754 12 37).

Von Bernex nach Soral: Eine der verträumtesten Ecken der Schweiz

Der schöne Park beim Signal de Bernex mit Ententeich ist ein Paradies für Kinder.

Warum gerade hier wandern?

- Geruhsame Wanderung durch eine Gegend, wo sich Weinberge, Felder und kleine Wäldchen abwechseln.
- Vom Signal de Bernex aus geniesst man den spektakulärsten Blick über das ganze Genfer Becken.
- Eine Entdeckungsreise durch eine der abgelegensten und verträumtesten Ecken des Kantons und der Schweiz.
- Ein schöner Park mit Enten als idealer Picknickplatz für Kinder.
- Das charmante Dorf Soral am Ziel der Wanderung strahlt eine einmalige Atmosphäre aus, die geprägt ist von Künstlern, Kunsthandwerkern, Bauern und Bistros.

Das Haar in der Suppe

Ein eigentlicher Weinwanderweg mit Wegweisern und gepflegter Route existiert nicht. Man muss sich anhand der Wegbeschreibung und der Karte selbst den Weg suchen. Da die Gegend gut überblickbar ist, bietet dies jedoch keine allzu grossen Probleme.

Wanderzeiten und Schwierigkeit

Die ganze Wanderung ist etwa fünf Kilometer lang und kann mit einigen Zwischenhalten problemlos in rund 2 Stunden bewältigt werden.

Kinder? Velo?

- Für Kinder bietet die Route viel Abwechslung und einen schönen Park mit Enten am Anfang bzw. Ende der Wanderung.

■ Bis auf ein Stück Waldweg ist die Wanderung auch für Biker ein Genuss. Allerdings dürfen Fahrräder für den Rückweg nicht in den Bus mitgenommen werden. Sie müssen also selbst zurückfahren, was bei der relativ kurzen Strecke aber kein Problem darstellen sollte.

Das sollte man mitnehmen

Ein kleines Picknick, falls Sie auf dem Rückweg im Park unter dem Signal de Bernex noch eine Rast einlegen wollen.

Hin und zurück

Mit der Bahn

Vom Bahnhof Genf Cornavin aus überqueren Sie die Rhonebrücke und steigen auf der anderen Seite bei der Haltestelle Bel-Air in den Bus Nr. 2, der Sie in 20 Minuten nach Bernex bringt (Haltestelle Bernex Eglise). Auf dem Rückweg nehmen Sie in Soral den Bus der Linie L und steigen in Onex um in Nr. 2 oder 19.

Mit dem Auto

Sie fahren vor der Kirche von Bernex links die kleine Strasse hoch und stellen Ihren Wagen beim Schulhaus auf dem grossen Parkplatz ab.

■ Die Route

Von Bernex bis Sézenove

Das erste Stück unserer Wanderung führt uns durch das grösste zusammenhängende Rebgebiet zwischen den beiden Flüssen Rhone und Arve im Norden und der Grenze zu Frankreich im Süden. Die Gletscher der letzten Eiszeit haben hier einen weitgezogenen Hügel aus Moränenschutt hinterlassen, dessen Boden viel Kies enthält und deshalb gut wasserdurchlässig ist. Er verleiht den Weinen einen deutlich mineralischen, an Feuerstein erinnernden Charakter. Die Weinberge gehören zu den Gemeinden Lully, Confignon, Bernex und Sézenove.

Von der Kirche oder vom Parkplatz aus folgen wir dem gelben Wanderwegweiser in Richtung des Signal de Bernex. Zu

Oben: Soral beherbergt eine der schönsten klassizistischen Kirchen des Kantons. Unten: Der alte Dorfbrunnen von Soral mit seinen fünf Becken.

Majestätisch steht die Eiche am Dorfausgang von Laconnex, etwas finster wirkt das Château.

dessen Füssen hat die Gemeinde Bernex einen schönen, gepflegten Park angelegt, in dem sich auch ein Ententeich befindet – ideal (insbesondere auch für die Kinder der autofahrenden Besucher), um sich auf dem Rückweg von den Strapazen der Wanderung zu erholen. Darüber erhebt sich der Aussichtspunkt des Signal. Von nirgendwo kann man das Becken von Genf besser überblicken als von hier: Im Osten begrenzt die von markanten Felsbändern durchzogene Wand des Salève den Blick, im Westen steigen die Jurahöhen bis auf eine Höhe von über 1700 Meter an, davor liegen die sanften weinbewachsenen Hügel des Mandement und von Dardagny, und im Norden sieht man die Stadt mit ihrem Wahrzeichen, dem Jet d'eau. Über sie hinweg geht der Blick weiter bis zu den Weinbergen der La Côte.

Wir steigen auf der südlichen Seite des kleinen Hügels hinunter zu den Rebbergen und stossen auf ein grosses Schild mit der Aufschrift «La Vigne des Nations». Dieser Weinberg gehört der Stadt Genf. Der daraus gekelterte Wein wird jedes Jahr in einer kleinen festlichen Zeremonie einer anderen der vielen in Genf niedergelassenen internationalen Organisationen gewidmet. Damit möchte die Stadt ihre Verbundenheit mit diesen Gästen aus aller Welt, die sie auf ihrem Boden beherbergen darf, zum Ausdruck bringen.

Wir folgen dem Weg talwärts und stossen schon bald auf einen Wanderwegweiser nach Laconnex und Soral, dem wir aber nur bis zur Abzweigung gleich nach den Gewächshäusern folgen. Dort biegen wir nach rechts ab und treffen am Ende des Weges auf den Vignoble des Communes Suisses. Seit dem Jahr 2001 lädt der Kanton Genf jedes Jahr einige Gemeinden der deutschen Schweiz zu einem Besuch nach Genf ein. Dort wird ihnen die Altstadt und das in der Deutschschweiz weitgehend unbekannte Hinterland gezeigt. Zur Erinnerung widmet die Stadt dann diesen Gästen eine Rebzeile auf dieser Parzelle ihres Weinbergs «als Symbol der eidgenössischen Solidarität und Zeugnis der Brüderlichkeit».

Wir gehen nach links weiter, bis wir ins Dorf Sézenove gelangen, in dem sich alte Bauernhöfe und moderne Einfamilienhäuser mischen. Beim gedeckten

Brunnen in der Mitte des Dorfes treffen wir wieder auf den gelben Wanderwegweiser. Auf dem Chemin des Grands-Buissons verlassen wir das Dorf erneut. Hier wird die Landschaft flach, und die Reben machen Feldern und kleinen Waldstücken Platz. Werfen Sie beim Weiterwandern auch einen Blick zurück auf die Weinberge, die Sie eben durchwandert haben. Jetzt erst erkennt man, wie diese kleine Perle des Genfer Weinbaus sich in idealer Lage nach Süden und Südwesten ausgerichtet an den Hügel von Lully und Bernex lehnt.

Ein Wort zum Wein: Aligoté

Vor etwa einem halben Jahrhundert wurde die Sorte Aligoté aus dem nahen Burgund auch im Kanton Genf eingeführt. Einige behaupten, dies sei eher durch Zufall aufgrund einer Verwechslung bei der Lieferung von Stecklingen geschehen. Andere sehen darin die planende Weitsicht einzelner Weinbauern. Wie dem auch sei, inzwischen ist die Sorte im ganzen Kanton heimisch geworden und überzeugt immer mehr Winzer und Konsumenten. Gerade auch im Gebiet zwischen Arve und Rhone werden aus ihr würzige und aromatische Weine gekeltert.

Über Laconnex bis Soral

In der folgenden halben Stunde unserer Wanderung sehen wir keine Reben mehr, sondern Mais, Sonnenblumen und ab und zu ein Hanffeld. In dem kleinen Wäldchen folgen wir dem Wegweiser nach rechts nach Laconnex und dort wieder nach links ins Dorf hinein. Im Dorfkern steht das kleine, etwas finster wirkende Château von Laconnex. Hier verschanzten sich die Herren von Laconnex vor ihren Gegnern und Untertanen. Erbaut im 15. Jahrhundert, wurde es später mehrfach umgebaut und restauriert. Heute befindet es sich in privater Hand. Kurz nach dem Schloss führt uns der gelbe Wegweiser nach links aus dem Dorf hinaus in Richtung Soral.

Immer wieder sind auf der Wanderung eindrückliche alte Eichen zu bewundern. Die schönste und grösste präsentiert sich hier links etwas erhöht im Feld. Sie ist wohl schon mehrere hundert Jahre alt. In einem geschützten Tal öffnet sich nun vor uns das zweite grössere zusammen-

Reben und Hanf. Zwei uralte Kulturpflanzen begegnen sich zwischen Laconnex und Soral.

Der Wein dieses Rebbergs wird jedes Jahr einer anderen internationalen Organisation gewidmet.

Seitensprünge: «Champagne»

Wenn Sie mit dem Auto unterwegs sind, lohnt es sich, in dem «Champagne» genannten Gebiet gleich östlich der Rhone noch etwas auf Entdeckungsfahrt zu gehen. Wenn Sie von Bernex auf der Hauptstrasse nach Chancy fahren, können Sie nach Osten eine kleine Rundtour über Laconnex, Sézegnin nach Avusy machen und dann noch nach Westen nach Avully und Cartigny. Man trifft dabei auf verstreut liegende Rebberge, schöne Dörfer mit ehrwürdigen Kirchen und gedeckten Brunnen und immer wieder auch auf vornehme alte Herrenhäuser.

hängende Rebgebiet zwischen Rhone und Arve, die Vignes de Laconnex. Sie liegen an einem Hang, der nach Süden immer schmaler und steiler wird und sich über die Schweizer Grenze bis nach Crache in Frankreich hinzieht. Von diesem relativ kleinen Weinberg stammen gleich zwei Premiers Crus des Kantons, Rougemont und La Feuillée, aus denen vielgerühmte Gamays und Chasselas gekeltert werden.

Schon von fern sieht man die katholische Kirche St-Pierre-ès-Liens. Sie wurde

Der den Schweizer Gemeinden gewidmete Weinberg des Kantons Genf.

1831 gebaut und gilt als eine der schönsten klassizistischen Kirchen des Kantons. Eindrücklich ist die schlichte Harmonie, die dieser Bau ausstrahlt. Im Ort selbst erwartet uns ein spektakulärer Dorfbrunnen. Aus einer Nische fliesst das Wasser in nicht weniger als fünf Becken. Man fragt sich, wofür die Dorfbewohner neben ihrem Wein noch so viel Wasser benötigten ...

Das hübsche Dorf verdient zum Abschluss der Wanderung noch einen kleinen Spaziergang. In verschiedenen Höfen kann man Wein verkosten, Nussöl oder Früchte einkaufen. Dann ist es aber Zeit, sich für eine der drei Dorfwirtschaften zu entscheiden, um sich zu stärken und ein Glas einheimischen Wein zu trinken.

Vielleicht erkundigen Sie sich beim Wirt noch über die Abfahrtszeiten des Busses, denn über Mittag und abends fährt er zwar halbstündlich, sonst jedoch nur im Stundentakt; man bezahlt direkt im Bus. Wer mit den öffentlichen Verkehrsmitteln unterwegs ist, fährt bis Ornex und steigt dort in den Bus nach Genf um, die Automobilisten fahren bis Lully, wo sie direkt zum Signal de Bernex hochsteigen und vor der Rückfahrt vielleicht nochmals den schönen Park geniessen.

Die Extras

Weindegustationen

■ Wenn Sie einen Winzer besuchen möchten, finden Sie die notwendigen Informationen auf der Website der OPAGE: www.opage.ch. (Weitere Informationen auf den Webseiten der Gemeinden: www.bernex.ch; www.soral.ch.) Viele Weinbaubetriebe kann man aber auch spontan besuchen. Ab 17 Uhr sind die Winzer meist gerne für ein Glas zu haben.

■ Die Domaine de la Mermière, Rue du Faubourg 9, in Soral bietet auf Voranmeldung Traktorfahrten durch die Weinberge und Weindegustationen an. Das Weingut ist Donnerstag und Freitag von 17.30 bis 19 Uhr geöffnet; für andere Besuchszeiten Telefon +41 (0)22 756 19 33.

■ In der Domaine du Château de Rougemont, Route du Creux-de-Boisset 40, in Soral, Telefon +41 (0)22 756 42 65, kann man nicht nur exzellente Weine kaufen, sondern auch hauseigene Weinbrände, Honig, Nussöl und anderes. Geöffnet werktags nach 18 Uhr und Samstagvormittag.

Restaurants in Soral

■ Chez Renée, Telefon +41 (0)22 756 12 59, Mittwoch Ruhetag. Herzliche und herzhafte Bistroatmosphäre.

■ Café de L'Ecu, Telefon +41 (0)22 756 33 50. Grosse schöne Terrasse mit exotischen Vögeln. Zum Aperitif kann man hier eine Partie Pétanque spielen. Reichhaltige, rustikale Küche.

■ La Fontaine, Telefon +41 (0)22 756 14 21, Ruhetag Sonntag und Montag. Sympathisches kleines Restaurant mit gepflegter Küche.

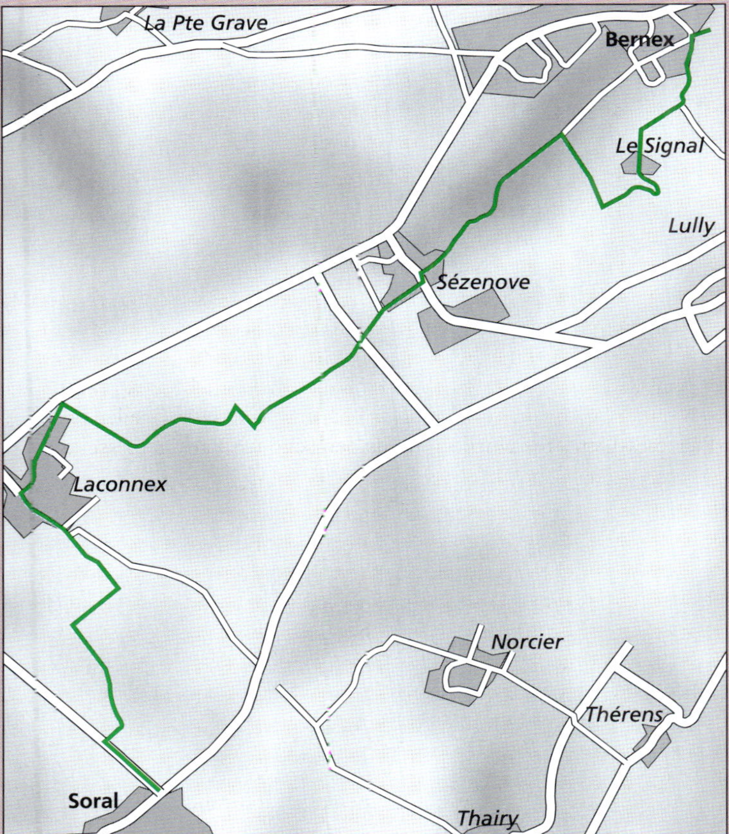

Eine Perlenschnur von Weindörfern: Von Rolle nach Luins

Warum gerade hier wandern?

- Einfache, erholsame Wanderung durch die sanften Rebhänge der La Côte.
- Weiter, grossartiger Blick über den ganzen Genfersee und die Savoyer Alpen.
- Am Weg reiht sich eine Vielzahl von schönen Herrschaftshäusern und Schlössern.
- Wir kreuzen unter anderem die Lebenswege von Marschall Tito und Carl Jakob Burckhardt.

Château de Vinzel mit Durchblick zurück nach Bursin.

- Die Wanderung kann beliebig verlängert oder in jedem Dorf abgebrochen werden.

Das Haar in der Suppe

Die Postautoverbindungen von Luins zurück nach Rolle sind vor allem an den Wochenenden recht eingeschränkt.

Wanderzeiten und Schwierigkeiten

Die Wanderung ist einfach und beschaulich und, da sie jederzeit abgebrochen werden kann, auch für vorsichtige Spaziergänger sehr zu empfehlen.
Die ganze Strecke misst etwa neun Kilometer, die einzelnen Etappen aber jeweils nicht mehr als zwei. Man sollte etwa 3 Stunden einplanen.

Kinder? Velo?

- Da die einzelnen Etappen zwischen den Dörfern nur 15 bis 20 Minuten dauern, ist die Wanderung auch für Kinder abwechslungsreich und nie langweilig.
- Die Strecke kann sehr gut auch mit dem Rad befahren werden.

Das sollte man mitnehmen

Das Handy, um eventuell von Luins aus ein Taxi für die Rückfahrt rufen zu können.

Hin und zurück

Mit der Bahn

Der Wanderweg beginnt beim SBB-Bahnhof in Rolle. Mit dem Bus kann man wieder bis hierher zurückfahren.

Die alte romanische Kirche von Bursin mit dem ehemaligen Prioratsgebäude.

Allein thront die Kirche von Luins über dem Dorf.

Mit dem Auto

Gute Parkmöglichkeiten beim Bahnhof in Rolle.

Achtung

Unbedingt schon vor Beginn der Wanderung den Busfahrplan für die Rückfahrt studieren; die Linie wird insbesondere am Wochenende nur sehr eingeschränkt bedient. Sonst kann man ein Taxi aus Rolle rufen: Dany Taxi, Telefon +41 (0)21 825 21 75. Die Fahrt von Luins nach Rolle kostet rund 30 Franken.

Die Route

Von Rolle nach Tartegnin

Wir verlassen den Bahnhof auf der Seeseite und beginnen unsere Wanderung direkt unterhalb der Bahngeleise in Richtung Genf. Der Weg ist mit den gelben Wanderwegsymbolen (Tourisme pédestre) markiert. Schon bald geht es unter der Bahn hindurch in einen von plätschernden Bächlein durchflossenen Park, in dem wir die erste Strecke fernab von Lärm und Verkehr geniessen können. Weiter dem Wanderwegzeichen folgend, treffen wir schon bald auf die Gebäude der Hammel SA, eine der führenden Westschweizer Weinbau- und Weinhandelsfirmen, die 1944 aus dem damals grössten Küferei- und Holzfass-Unternehmen des Waadtlands hervorgegangen ist. Wir erreichen die Hauptstrasse und folgen ihr nach links unter der Autobahn hindurch bis zur Kreuzung beim Weiler Creux-du-Mars. Links an der kleinen Häusergruppe vorbei geht der Weg in die Weinberge hinauf; auf dem Wegweiser steht Tartegnin. Die Markierungen führen uns durch die sanften, leicht gewellten Rebhänge der La Côte sicher ins verträumte Winzerdorf.

Von Tartegnin nach Gilly

Mitten in Tartegnin steht ein Wanderwegweiser, dem wir in Richtung Bursins aus dem Dorf hinaus folgen. Bald erreichen wir die Landstrasse, auf der wir ein paar Schritte nach rechts gehen, um gleich nach dem Chalet wieder nach links in den Chemin de Chantemerle einzubiegen. Nun sind wir wieder mitten in den Reben und können auf einem flachen Spazierweg den Blick in die Ferne bis hin zum Jet d'eau von Genf geniessen. Ein Abzweiger nach rechts führt

Hier im Landhaus La Bâtie wohnte Carl Jakob Burckhardt.

uns einige Meter zu einem Weg hoch, dem wir hinunter in den kleinen Weiler Vincy folgen. An seinem Ausgang stossen wir auf das herrschaftliche und elegante Schloss Vincy, das seine heutige Gestalt einem Um- und Neubau des 18. Jahrhunderts verdankt. Der Dichter Alphonse Lamartine hat hier 1815 gewohnt, nachdem er als Royalist bei der Rückkehr Napoleons aus Frankreich fliehen musste. Nach dem Schloss geht es ein kurzes Stück auf der Landstrasse weiter. Wir biegen der Schlossmauer entlang nach links und dann nach etwa 200 Metern nach rechts in den Chemin du Clos ein, der uns nach Gilly bringt. Gleich beim Eingang zu diesem behäbigen Weinbauerndorf kann der Wanderer seinen Durst an einem Brunnen stillen. Das Dorf mit seinen zum Teil jahrhundertealten Winzerhäusern strahlt Wohlhabenheit und Behagen aus. Auf dem Dorfplatz lädt die Auberge Communale «A l'Union» zu einem kurzen Zwischenhalt, und wer hier seine Wanderung abschliessen will, findet vor der Auberge auch gleich die Bushaltestelle.

Von Gilly nach Luins

Wir verlassen Gilly auf der Landstrasse und biegen schon bald nach rechts in ein kleines Nebensträsschen ein. Bis Bursins ist es nur ein kurzer Spaziergang. Dort spürt man auf dem Dorfplatz mit seinen zwei rechteckigen Brunnen den Geist einer tausendjährigen Geschichte: Die Häuser sind herrschaftlich und zum Teil spätgotisch. Sie scharen sich um die Kirche aus dem Jahr 1011, die einst zu einem Tochterkloster von Romainmôtier gehörte. Vom Kloster ist nur noch das Prioratsgebäude erhalten, das einst befestigt war und heute als Pfarrhaus dient. Geradeaus führt uns der Chemin de Vinzel wieder in die Weinberge und weiter in das kleine Dorf Vinzel.

Vinzel besitzt, so klein es ist, gleich zwei Schlösser, unten das ältere Château de Vinzel und oben das elegante, den Geist der Berner Patrizier ausstrahlende Schloss La Bâtie. Hier wohnte der 1974 verstorbene Historiker und Diplomat Carl Jakob Burckhardt. Oberhalb des Dorfes ist der Moränenboden von einer dicken Lehmschicht überdeckt, die bis 1956 abgebaut und in einer Ziegelei verwertet wurde. In dieser Fabrik hat 1927 ein gewisser Josip Broz gearbeitet, der allerdings bald wegen fehlender Papiere wieder ausgewiesen wurde. Er hat später als Marschall Tito Geschichte geschrieben. Die Rebberge des Schlosses wurden zwischen 1950 und 1977 metertief umgepflügt, um die Lehmschicht mit dem darunterliegenden Eiszeitgeröll zu mischen und die Böden durchlässiger zu machen. Diese Massnahme hat sich direkt in der Qualität der Weine niedergeschlagen: Sie wurden dadurch frischer und fruchtiger.

Wenn man das kleine, schmucke Vinzel verlassen hat, sieht man in der Ferne bereits die alte Kirche von Luins aus dem Rebenmeer ragen. Sie liegt etwas oberhalb des Dorfes malerisch in den Weinbergen. Luins besteht aus einer schmalen Reihe von Häusern, der wir bis hinunter auf die Hauptstrasse folgen; dort, im gleichen Gebäude wie die Post haben die Winzer von Luins und Vinzel ihren Caveau des Vignerons eingerichtet. Hier kann man die Wanderung bis zur Abfahrt des Busses bei einem Glas Wein und im Gespräch mit einem Winzer aufs angenehmste ausklingen lassen.

Seitensprünge: Kastanienlehrpfad

Im Wald oberhalb der drei Gemeinden Luins, Vinzel und Bursins wurde ein etwa sechs Kilometer langer Sentier des Châtaignes mit vielen Informationstafeln zur Kastanie und Kastanienkultur angelegt.

Die Extras

Weindegustationen

■ Im Caveau des Vignerons bei der Post von Luins kann man die Weine von 25 Winzern der Appellationen Vinzel und Luins verkosten, dazu gibt es Trockenwurst, Ziegenkäse, Tomme Vaudoise und Bauernbrot. Geöffnet März bis Mitte Dezember Freitag und Samstag von 17 bis 21.30 Uhr und Sonntag von 10.30 bis 12.30 und von 16.30 bis 21.00 Uhr. Telefon +41 (0)21 824 20 84, Reservationen +41 (0)22 366 11 16.

Viele Winzer öffnen auch gerne ihren Keller, hier eine kleine Auswahl:

■ Tartegnin: La Montardière, Rue des Courtis 7, Telefon +41 (0)21 825 46 38. Laurent Munier, der Besitzer des Weinguts, kann ein breites Spektrum von Weinen anbieten: Weisse (vor allem natürlich Chasselas in mehreren Varianten), rote (Pinot noir, Gamay, Gamaret,

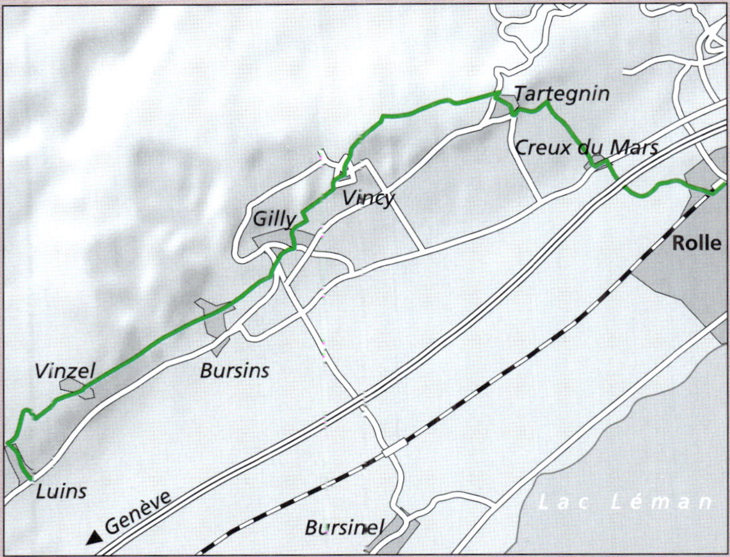

Malakoff

Eine Spezialität der Dörfer der La Côte ist der Malakoff. Er erhielt seinen Namen vom französischen Marschall Pélissier, dem späteren Herzog von Malakoff, der während des Krimkriegs 1855 mit vielen Schweizer Söldnern die Bastion Malakoff der russischen Festung Sewastopol erstürmte. In ihre Heimat in der La Côte zurückgekehrt, trafen sich die Veteranen regelmässig, um bei Käseschnitten und Wein die alten Erinnerungen wieder aufleben zu lassen. Dabei übertrug sich der Name Malakoff schliesslich auf die Käseschnitten. Ob sich der alte Herr in seinem Grab dadurch geschmeichelt fühlte, bleibe dahingestellt.
Heute wird die Spezialität je nach Restaurant recht unterschiedlich hergestellt: Man belegt eine Scheibe Brot oder Toast mit einer Paste aus Greyerzerkäse und frittiert das Ganze. Malakoffs werden wie Raclette einer nach dem anderen serviert, und der Wirt notiert auf dem Papiertischtuch mit Strichen die Anzahl. Dazu reicht man Silberzwiebeln, Cornichons und Senf.

Garanoir und andere); er verarbeitet diese Trauben aber auch in vielfältiger Weise, zu Süssweinen, Schaumweinen und Rosé. Geöffnet Freitag ab 17 Uhr und Samstagvormittag.

■ Gilly: Die Domaine de Chantegrive, Telefon +41 (0)21 824 15 87, führt nicht weniger als 17 verschiedene Weine. Chasselas spielt natürlich eine Hauptrolle, daneben gehört die Liebe des Hausherrn, Alain Rolaz, vor allem den kräftigen, in kleinen Holzfässern ausgebauten Rotweinen. Geöffnet Samstagvormittag und nach Vereinbarung.

■ Bursins: Domaine de la Croix, Grande Rue, Telefon +41 (0)21 824 20 55. Yvan und Véronica Parmelin stellen ihren Betrieb Schritt für Schritt auf biologischen Anbau um. Neben Chasselas verdienen vor allem die Rotweine aus den Sorten Pinot noir, Gamay und Gamaret Beachtung. Besuchszeit telefonisch vereinbaren.

■ Luins: Château de Luins, Telefon +41 (0)21 824 13 84. Rémi Baechtold, der heutige Besitzer dieses wunderschönen alten Schlosses, hält die Tradition des klassischen Waadtländer Chasselas hoch, und auch im Keller wird nach alter Sitte noch mit grossen Holzfudern gearbeitet. Das Resultat sind wunderschön fruchtige und charaktervolle Weine. Sehenswerter Keller mit alten Pressen. Geöffnet Freitag 17 bis 19 Uhr und Samstag 10 bis 12 und 14 bis 16 Uhr. Für grössere Anlässe steht ein schönes Carnotzet zur Verfügung.

Restaurants

■ Tartegnin: Le Serpolet, Telefon +41 (0)21 825 18 17. Sympathisches, einfaches Restaurant. Wild, Fondue, Filet de perche.

■ Gilly: Auberge Communale, Telefon +41 (0)21 824 12 08, Ruhetag Sonntagabend und Mittwoch. Filet de perche.

Der Caveau ist offen, die Winzer des Dorfes sind bereit für einen Schwatz.

■ Bugnaux (oberhalb von Tartegnin): Auberge de Bugnaux, Telefon +41 (0)21 825 16 82, www.aubergedebugnaux.ch, Ruhetag Montag und Dienstag. Eine Oase der Ruhe über den Weinbergen und dem See. Ein (teures) Gourmetrestaurant, das aber auch ein Mittagsmenü zu erstaunlich günstigem Preis anbietet.

■ Bursins: Auberge du Soleil, Telefon +41 (0)21 824 13 44, Ruhetag Sonntagabend und Montag. Gehobene Gastronomie, ausgezeichnete Weinkarte.

■ Bursins: L'Union, Telefon +41 (0)21 824 12 04, Ruhetag Mittwoch. Mit Hotelzimmern. Malakoff, Forellen, Fondue, regionale Charcuterie.

■ Vinzel: Au Cœur de la Côte, Telefon +41 (0)21 824 11 41, Ruhetag Montag und Dienstag. Grosse Terrasse. Malakoff, Fondue, regionale und traditionelle Küche. Die Küche ist von 11 bis 21.30 Uhr durchgehend geöffnet.

■ Luins: Auberge Communale, Telefon +41 (0)21 824 11 59. Malakoff, Entrecôte, Fondue, Saucisson.

■ Rolle: Restaurant du Port, Telefon +41 (0)21 825 15 20, Ruhetag Sonntag und Montag. Spezialität Eglifilet.

Besonderes

In Rolle gibt es den sehr gut eingerichteten Camping des Vernes, Telefon +41 (0)21 361 09 63.

Sämtliche Informationen bei Office du Tourisme de Rolle, Telefon +41 (0)21 825 15 35, www.rolledistrict.ch.

Die Landschaft, der Wein und die Menschen

Wer schon einmal das Lavaux, die Landschaft östlich von Lausanne, durchwandert hat, dem springt der Unterschied zur La Côte im Westen der Waadtländer Hauptstadt sofort ins Auge. Das Lavaux – mit seinem Herz, dem Dézaley – wurde der Natur abgetrotzt. An steilen Hängen steht Mauer über Mauer. Die Sonne brennt und der Seespiegel mit seinen Lichtreflexen ist nah. Es brauchte die Hingabe und die harte Arbeit von Mönchen, um ein solches Werk der Kultur in der steinigen Wildnis zu errichten.

In der Schwesterregion des Lavaux ist alles anders. Die Gletscher der Eiszeit haben sanfte Moränenhügel zurückgelassen, die mit ihren tiefgründigen und mineralienreichen Böden von Natur aus wie für den Weinbau geschaffen sind. Hier stehen keine Felsen im Weg, und die leichte Neigung der Hänge erfordert auch keine Mauern. Die Natur verwöhnt den Winzer, er dankt es mit seiner offenen und geselligen Art, die sich auch in den Weinen spiegelt: Sie sind nicht so majestätisch wie die jenseits von Lausanne, dafür fruchtig und zugänglich, leicht und von jugendlichem Charme.

Rundwanderung um Féchy, das schönste Weindorf der La Côte

Die malerische Silhouette von Féchy.

Warum gerade hier wandern?

- Gemütliche, wenig anstrengende Wanderung durch sanfte Rebhänge.
- Gossartiger Panoramablick über den ganzen Genfersee von Genf bis Montreux und über das französische Ufer bis hin zum Montblanc.
- Alte, malerische Winzerdörfer und herrschaftliche Weingüter.
- Der Chocolatier Tristan in Bougy ist in der ganzen Schweiz berühmt.
- Der berühmte Weinberg «Vigne du Monde» hinter der Kirche in Féchy.
- Für viele Kenner gehört Perroy (Seitensprung) zu den schönsten und am wenigsten bekannten Weindörfern der ganzen Côte.

Das Haar in der Suppe

Auf einigen Streckenabschnitten stört der Verkehrslärm von der Autobahn im Tal etwas.

Wanderzeiten und Schwierigkeiten

Die ganze Rundwanderung ist etwa sieben Kilometer lang. Wenn man es gemütlich nimmt, die Aussicht geniesst und die Sehenswürdigkeiten am Weg studiert, sind 3½ Stunden angemessen. Man kann auch nur bis Féchy gehen und von dort wieder nach Aubonne zurückkehren, dann sind es nur etwa fünf Kilometer, für die man rund 2 Stunden veranschlagt. Die Wanderung hat den Charakter eines wenig anstrengenden, schönen Rebbergspaziergangs.

Kinder? Velo?

- Die Wanderung ist abwechslungsreich und daher auch für Kinder gut geeignet.
- Gut mit dem Rad machbar. Einige Wegabschnitte sind aber Naturstrassen und deshalb eher für Mountainbike als für Rennvelo zu empfehlen.

Das sollte man mitnehmen

Ein Fernglas, um die spektakuläre Aussicht besser geniessen zu können.

Hin und zurück

Mit der Bahn

Mit dem Zug am besten bis Allaman, dann mit dem Postauto, das vor dem Bahnhof abfährt, in 10 Minuten zum Busbahnhof von Aubonne am Eingang des Städtchens. Hier beginnt und endet die Wanderung.

Mit dem Auto

Grosser Parkplatz am Eingang des Städtchens Aubonne unter den Bäumen rechts gegenüber dem Busbahnhof. Hier kann man den Wagen kostenlos im Schatten stehen lassen.

Die Route

Von Aubonne nach Bougy-Villars

Vom Parkplatz gehen Sie direkt hinein in das lebendige Städtchen Aubonne, biegen vor dem Hôtel de Ville nach links in die Grande Rue ein und folgen der Strasse bis zu einem kleinen Platz, wo die gelben Wanderwegweiser nach links durch die Porte de Bougy aus dem Städtchen hinaus weisen.

Ein kleiner Spaziergang durch das gut erhaltene Burgstädtchen Aubonne lohnt sich unbedingt. Mit seinen malerischen Gassen, in denen die Brunnen plätschern, liegt es reizvoll am Hang zwischen dem Flüsschen Aubonne und dem Schloss. Die Anfänge der grossen Schlossanlage gehen ins frühe Mittelalter zurück, ihr heutiger Zustand ist aber das Ergebnis einer wechselvollen Ge-

Oben: Minarettartig erhebt sich der Turm des Schlosses von Aubonne. Unten: der Torweg zum Schloss hinauf.

Seitensprünge: Perroy und Arboretum

Wer mit dem Auto unterwegs ist, sollte sich einen Abstecher in das wunderschöne Dorf Perroy gönnen (für Wanderer ist der Weg unter der Autobahn und der Eisenbahn hindurch nicht zu empfehlen). Für viele Kenner der Gegend ist es das schönste Dorf der La Côte. Es besitzt ein eindrückliches Schloss, eine hübsche «Pinte» (La Passade, Telefon +41 (0)21 825 16 91), eine gute Bäckerei und nicht zuletzt wunderbare Weine. Vielleicht dank seiner etwas abgeschnittenen Lage konnte es seinen ländlich-bäuerlichen Charakter bis heute bewahren.

Ein weiterer lohnender Seitensprung führt ins Arboretum: Am Ortsausgang von Aubonne den Wegweisern mit der Aufschrift Arboretum folgend, gelangen Sie nach etwa 45 Minuten Fussweg oder in 5 Minuten mit dem Auto zu einem weiten, harmonisch in die Landschaft eingebetteten Park, in dem mehr als 3000 verschiedene Baum- und Buscharten aus aller Welt angepflanzt wurden.

schichte. Zum Eingang gelangt man durch einen Torzwinger und eine gekrümmte Rampe, die in einen der schönsten barocken Höfe des ganzen Kantons führt. Der auffällige schlanke Turm, der sich 23 Meter hoch reckt, wurde erst gegen Ende des 17. Jahrhunderts von seinem damaligen Besitzer – einem weitgereisten Juwelier – erbaut, vielleicht in Erinnerung an die Minarette, die er auf seinen Reisen in den Orient bewundern konnte. Gleich vor dem Tor des Schlosses biegt nach rechts die Rue Tavernier ab, deren Häuser noch heute vom Wohlstand der ehemaligen Besitzer erzählen. Gönnen Sie sich nach dem Durchqueren der Porte de Bougy nochmals einen Blick zurück auf die malerische Häuserfront des alten Burgstädtchens! Hier, ausserhalb der ehemaligen Befestigung, sind wir aber bereits in der Vorstadt und wandern an den herrschaftlichen alten Besitzungen wohlhabender Familien vorbei, unter die sich immer mehr auch moderne Einfamilienhäuser mischen, hinaus in die freie Landschaft. Wir überqueren die Landstrasse und folgen dem Wald entlang der Route de Bougy bis zum ersten Abzweiger links, der auch mit dem Symbol der Wanderwege (Tourisme pédéstre) markiert ist. Am Ende dieses Wegs wenden wir uns nach rechts und gelangen über einen kleinen Bach in die Weinberge.

Die Weinberge der La Côte sind auf den sanft gewellten Überresten von eiszeitlichen Moränen angelegt. Aus drei verschiedenen Richtungen haben die Gletscher vor 20 000 Jahren ihr Geschiebe bis in das Genferseebecken gestossen und hier als Geröll und Schutt liegen lassen. Die Böden in den hiesigen Rebbergen sind daher ganz unterschiedlich zusammengesetzt und bilden einen Untergrund aus vielfältigen Mineralien.

Die Porte de Bougy in Aubonne.

Perroy besitzt bäuerlich-ländliche Gassen …

… und ein herrschaftliches Schloss.

Die Weine spiegeln diesen mineralischen Reichtum in ihrem variantenreichen Aroma wieder. Wie an der ganzen La Côte nimmt auch hier die Königin der Waadtländer Rebsorten, die Chasselastraube, rund achtzig Prozent der Anbaufläche ein. Den Rest teilen sich Gewürztraminer, Pinot noir, Gamay, Chardonnay und Pinot gris.

Vor uns sehen wir die malerische Silhouette von Féchy-Dessus. Kein anderes Winzerdorf der La Côte liegt so reizvoll eingebettet in die Reblandschaft wie Féchy und bietet von allen Seiten vielfältige Motive für den Fotografen. Wer nur einen kurzen Spaziergang geplant hat, kann hier links hinunter ins Dorf und auf einem Weg, der etwas weiter unten durch die Rebberge führt, wieder zurück nach Aubonne gehen. Wir lassen das Dorf aber erst einmal «links liegen» und wandern oberhalb, dem Wanderwegzeichen folgend, weiter Richtung Bougy-Villars. Nach etwa 300 Metern wendet sich der Weg nach rechts hinauf zur Domaine de la Vignarde, einem Weingut, das auch Zimmer vermietet; als kleine Attraktion hat der Besitzer für seine Gäste eine Sammlung von über hundert verschiedenen Rebsorten gepflanzt. Vor dem eindrücklichen Château de Riencourt steigen wir hoch, biegen gleich wieder nach links ab und erreichen in Kürze Bougy-Villars.

Von der Kirche von Bougy aus öffnet sich ein sensationeller Blick über den ganzen Genfersee vom Jet d'eau in Genf bis nach Montreux – bei klarem Wetter kann man sogar das Château Chillon erkennen –, und gegenüber schliesst majestätisch der Montblanc das Panorama ab.

Das Dorf beherbergt aber noch eine weitere, ganz besondere «Sehenswürdigkeit», Tristan, einen der besten Chocolatiers der Schweiz und weit darüber hinaus. Aus Zutaten allererster Qualität stellt Tristan Carbonatto hier in traditioneller Handwerksarbeit unnachahmliche Truffes und Schokoladen her. Einen Blick in den Verkaufs- und den dahinter liegenden Herstellungsraum sollten Sie sich in jedem Fall gönnen (und vielleicht schon einen vor Beginn Ihrer Wanderung ins Internet unter www.chocolatier-tristan.ch).

Von Bougy nach Féchy und zurück nach Aubonne

Wir durchqueren das Dorf und biegen an seinem Ende nach links für ein kurzes Stück auf die Hauptstrasse ab, der wir bis zur ersten markanten Kurve folgen, dort, wo ein Wegweiser nach Villars-Dessous steht. Diesem folgen wir, bis sich der Weg vor einem grossen Weingut, der Domaine Fischer, gabelt. Wir gehen rechts und gleich nochmals rechts (unterhalb des Hühnergeheges hindurch).

Bald treffen wir auf eine Tafel mit der Aufschrift «Le Féchy a Frédy». Gemeint ist der weltberühmte Koch Frédy Girardet. Die Regierung des Kantons Waadt hat beschlossen, den grossen Sohn des Kantons damit zu ehren, dass er als Vigneron d'honneur Zeit seines Lebens den Wein aus diesem Weinberg geschenkt erhält. Der Weinberg Bayels selbst gehört einem der exzellentesten Winzer der La Côte, Raymond Paccot von Féchy; in seinen Händen liegt auch die Verantwortung für die Kelterung des Ehrenweins für Frédy Girardet.

Das Dorf Féchy empfängt den durstigen Wanderer gleich neben der Kirche mit einem schönen gedeckten Brunnen, aus dessen Röhre herrliches Quellwasser sprudelt. Die ehrwürdige Kirche wird erstmals 1188 erwähnt und lohnt einen Besuch. Hinter ihr hat die Gemeinde Féchy einen kleinen Weinberg angelegt, die sogenannte Vigne du Monde. Jedes Jahr wird ein Weinland der Welt eingeladen, hier eine Rebe aus einer ihrer typischen einheimischen Sorten zu pflanzen. So findet man hier Reben aus der Ukraine und aus Portugal ebenso wie aus Südafrika. Die Häuser des Dorfes reihen sich geschlossen der Strasse entlang und geben dem Ort einen fast kleinstädtischen Charakter.

Vor dem Dorfausgang gabelt sich der Weg, wir gehen rechts hinunter und gleich nach dem letzten Haus wieder steil in die Rebberge hinauf. Der Rückweg nach Aubonne verläuft zuerst parallel zum Herweg und trifft schliesslich am Ortseingang wieder mit diesem zusammen. In Aubonne geht es durch die alten Gassen zurück zum Ausgangspunkt.

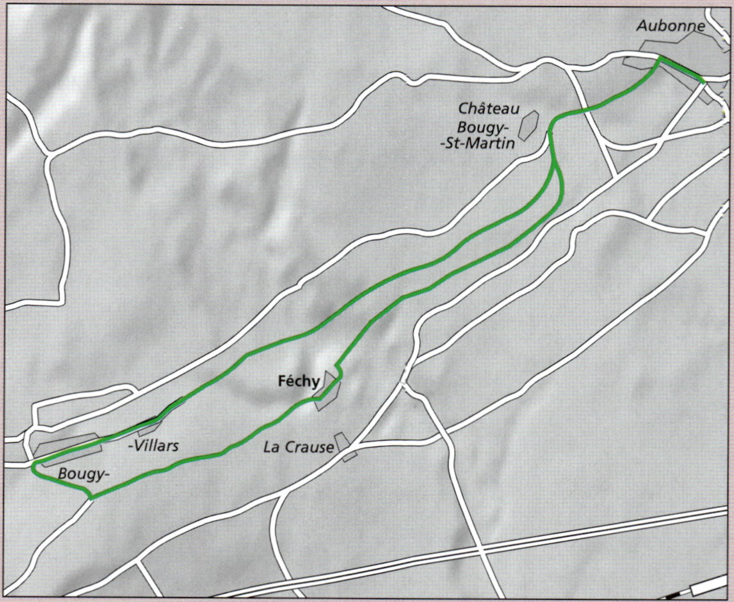

In Bougy arbeitet einer der besten Chocolatiers der Schweiz.

Der Wein aus der Lage Bayels ist Frédy Girardet gewidmet.

Die Extras

Weindegustationen

■ Caveau du Château in Aubonne. Vor dreissig Jahren haben die Winzer der AOC Morges, Aubonne, Allamand, Bougy und Féchy in den alten Kerkergewölben des Schlosses von Aubonne einen Degustationskeller eingerichtet, wo man bei Tomme und Saucisson die Weine von etwa zwanzig verschiedenen Weingütern verkosten kann. Geöffnet von Ostern bis Mitte Dezember jeweils Freitag bis Sonntag von 16 Uhr (Freitag 17 Uhr) bis 21.30 Uhr. Telefon +41 (0)21 808 61 29, Reservationen +41 (0)21 808 77 43.

■ Ein Ausnahmeerscheinung an der Côte ist sicher Raymond Paccot mit seiner Domaine La Colombe in Féchy, Telefon +41 (0)21 808 66 48. Aus seinem grossen Respekt vor der Natur und dem Terroir entstehen ausdrucksvolle und oft schlichtweg perfekte Weine. Der sympathische Winzer empfängt Besucher am Freitag von 17 bis 19 Uhr und am Samstag von 9 bis 12 Uhr; für andere Besuchszeiten telefonische Voranmeldung.

Restaurants

■ Bougy-Villars: Auberge Communale, Telefon +41 (0)21 808 51 29, Ruhetag Sonntag und Mittwoch. Filet de perche, Pferde-Entrecôte, Fondue.

■ Féchy: Auberge de Féchy, Telefon +41 (0)21 808 50 29, Ruhetag Mittwoch. Saisonale Küche, Fische aus dem See, Wild.

Informationen bei Office de Tourisme de Rolle, Telefon +41 (0)21 825 15 35, www.rolledistrict.ch.

Arnex, ein Dornröschen an den Côtes de l'Orbe

Warum gerade hier wandern?

- Arnex besitzt noch ein intaktes bäuerliches Dorfbild und liegt idyllisch eingebettet in eine sanfte Landschaft mit weitem Blick.
- Man trifft hier garantiert kaum auf Touristen.
- Eine ganz besondere Attraktion für Kinder ist die Straussenfarm.
- Neben den Weingütern locken eine hervorragende Käserei und eine traditionelle Walnussmühle.

Das Haar in der Suppe

Wie meist in den Rebbergen sind auch hier die Wege durchgehend betoniert.

Der Uhrturm in der Hauptgasse von Arnex.

Wanderzeiten und Schwierigkeit

Die ganze Strecke ist etwa acht Kilometer lang. Gemütlich Wandernde rechnen etwa 3 Stunden. Man kann zum Beispiel sehr gut am Vormittag die etwas kürzere Rundwanderung südlich des Dorfes planen und am Nachmittag den längeren Nordteil oder umgekehrt und sich dazwischen im Dorf beim Mittagessen stärken.

Alle Wege sind gut begehbar und die Steigungen sind sanft, so dass auch etwas weniger sportliche Wanderer keine Probleme haben sollten. Zudem muss man auch nicht unbedingt die ganze Strecke «absolvieren». Wie auf der Karte leicht zu erkennen, besteht sie aus vier aneinander gehängten kleineren Rundwanderungen, so dass man beliebig abkürzen kann. Sinnvoll ist es in diesem Fall, auf die beiden nördlichen Ringe zu verzichten.

Kinder? Velo?

- Für Kinder ist die Wanderung dank der Straussenfarm ganz besonders geeignet.
- Die ganze Strecke lädt geradezu zum Velofahren ein: Die Steigungen sind sanft und nicht allzu lang, alle Wege mit einer kleinen Ausnahme sind betoniert, und eine Vielzahl von weiteren Strässchen ermöglichen zusätzliche Um- und Abwege.

Das sollte man mitnehmen

Sonnenschutz und Wasserflasche, denn Schatten und Brunnen sind rar.

Eine weithin sichtbare Eiche lädt zum Picknick ein.

Für Fotografen bieten die Strausse schöne Motive, also unbedingt Fotoapparat mitnehmen.

Hin und zurück

Mit der Bahn

Arnex besitzt eine SBB-Station, wo stündlich je ein Zug aus den Richtungen Lausanne/Payerne und Vallorbe anhält. Arnex ist auch mit dem Postauto erreichbar.

Die Sonnenuhr erinnert an die Güterzusammenlegung.

Mit dem Auto

Arnex liegt an der Strasse Orbe–La Sarraz. Am besten parkieren Sie Ihr Auto auf dem grossen Platz vor dem Restaurant Toucan.

■ Die Route

Mandrolaire und durchs Dorf

Unser Spaziergang beginnt vor dem Restaurant Toucan an der Hauptstrasse. Wir überqueren die Strasse nach rechts und gelangen dann schräg nach links ins Dorf. Rechts sehen wir die Fromagerie (siehe «Die Extras»), und schon bald erreichen wir die kleine Kirche. Ein Blick in das einfache Innere lohnt sich: Der Chor ist mit einem eindrücklichen Tonnengewölbe aus Tuffstein gedeckt und stammt wohl aus dem 14. Jahrhundert, die Glasfenster sind aus dem 20. Jahr-

Der Schlossherr und die Strausse

Vor etwa zehn Jahren begann der Schlossherr von Arnex, Pierre Morel, auf seinem Schlossareal Strausse zu züchten, um Besucher auf diesen mächtigen Vögeln reiten zu lassen. Leider kamen nur wenige «Reiter», und der Schlossherr musste umdenken. Die Faszination für die Laufvögel und ihre Verwandten, die Nandus und Emus, blieb, nur züchtet er sie heute wegen ihrem schmackhaften Fleisch. Daneben hält er aus reiner Freude an den exotischen Tieren auch eine kleine Herde von Alpakas, ein naher Verwandter des Lamas.

Der Strauss ist der grösste lebende Vogel der Welt. Erwachsene Männchen werden bis zweieinhalb Meter gross und wiegen dann etwa 150 Kilo. Ihre Heimat ist Afrika. Die schwarzen Emus stammen aus Australien und werden nur eineinhalb Meter gross und etwa fünfzig Kilo schwer, ihre Eier sind dunkelgrün. Sie sind ausserordentlich gute Läufer und erreichen Spitzengeschwindigkeiten von siebzig Stundenkilometern. Die Heimat des weissen Nandu liegt in den Savannen Brasiliens und Argentiniens. Er wird ebenfalls etwa eineinhalb Meter gross und wiegt dann rund dreissig Kilo.

Der Verkauf von Fleisch und Fleischprodukten ist immer am Freitag von 19 bis 20.30 Uhr. Für andere Zeiten empfiehlt es sich, vorher anzurufen (Telefon/Fax +41 (0)24 441 29 62).

hundert. Rund um die Kirche gruppieren sich schöne, zum Teil auch herrschaftliche Häuser, die von einer besseren Vergangenheit des Dorfes erzählen. Wenige Schritte nach der Kirche, auf der Höhe eines Brunnens mit zwei Becken aus dem Jahr 1869, biegen wir nach rechts in eine Strasse, die abwärts aus dem Dorf hinaus führt. Zwischen alten Nussbäumen hindurch erreichen wir schon bald die Weinberge. Rechts öffnet sich das geschützt in einem kleinen Tal liegende und zur Morgensonne hin ausgerichtete Gebiet von Les Vaux. Wir biegen bei einem grossen Nussbaum nach rechts ab und erreichen so den nach Süden hin geöffneten Hang von Mandrolaire. Der kalkreiche Boden begünstigt den Anbau von Rotwein. Traditionellerweise werden hier denn auch die Rebsorten aus dem nahen Burgund, Pinot noir und Gamay, angepflanzt. Neuerdings kommen noch die Neuzüchtungen Gamaret und Garanoir dazu, die ebenfalls sehr schöne Weine ergeben. Etwas geringer ist der Anteil an weissem Chasselas, obwohl auch aus ihm interessante mineralische Weine gekeltert werden.

Bei der nächsten Biegung bleiben wir auf halber Höhe und nehmen bei der Gabelung den linken Weg. Der Blick geht jetzt weit hinaus in die Ebene, die vor der Juragewässerkorrektur eine grosse Sumpflandschaft war und auch heute an vielen Stellen noch Moore und Sumpf-

Der Schlosshof in Arnex.

teiche enthält. An klaren Tagen sieht man den ganzen Kranz der Berge von den Berner über die Savoyer Alpen bis hin zum Montblanc.

Bald gelangen wir auf die kleine Strasse, die vom Dorf hinunter auf die Hauptstrasse im Tal führt. Hier gingen schon die Römer durch – beim Bau der Betonstrasse wurden Überreste einer römischen Strasse gefunden. Einige Schritte talabwärts sollen auf der linken Seite noch einige Spuren davon zu sehen sein, von denen wir allerdings nichts mehr gefunden haben.

Wir steigen wieder hinauf Richtung Dorf. Rechts, wo sich heute Getreidefelder ausdehnen, standen vor 150 Jahren ebenfalls Reben. Sie wurden von der Reblauskatastrophe Ende des 19. Jahrhunderts vernichtet und dann aufgegeben.

Nach etwa 150 Metern biegen wir wieder nach links in die Weinberge ein. Kurz bevor wir das Dorf erreichen, sehen wir rechts neben der Strasse eine kleine Quelle mit einer Sonnenuhr und einer Treppe, die nach unten in einen hübschen Keller mit zwölf Plätzen führt. Diese kleine Anlage wurde zur Erinnerung an die Güterzusammenlegung eingerichtet.

Die Straussenzucht des Schlossherrn von Arnex.

Wieder im Dorf biegen wir etwa dreissig Meter nach dem Uhrturm gegenüber von einem Brunnen aus dem Jahr 1838 nach rechts in eine kleine Strasse, die uns zum Schloss führt. An der Hauswand ist der Weinwanderweg mit einem kleinen Wegweiser markiert.

Wer sich nicht bücken will, muss erfinderisch sein.

Das Schloss, die Strausse und die nördlichen Weinberge

Das Dorf gehörte von 1049 bis 1798 dem Kloster beziehungsweise der Vogtei Romainmôtier. Der klösterliche Verwalter residierte im Schloss, dessen Kern wohl auf das Spätmittelalter zurückgeht. Heute ist es in Privatbesitz. Wenn man links um das Schloss geht, sieht man hinter dem Gebäude einen ersten Teil der Tierzucht des Schlossherrn, Emus und Alpakas. Gegenüber kann man Fleisch und Fleischprodukte kaufen (siehe auch Kasten links).

Der nun gut ausgeschilderte Weinwanderweg führt rechts am Schloss vorbei, wo man im Schlossgarten wieder die Vögel sehen kann. Wir verlassen das Dorf und sehen rechts vom Weg die grosse Straussenfarm. Die Vögel sind zahm und neugierig. Man kann sie gut

Seitensprünge: Walnussmühle

Unten in der Talebene liegt an der Strasse von Orbe nach Orny die kleine Häusergruppe von Pré Girard. Hier betreibt Pierre Monnier mit seiner Familie eine kleine Ölmühle, in der er die Nüsse der vielen alten Walnussbäume der Umgebung in herkömmlichem handwerklichem Verfahren verarbeitet. Die Einrichtung ist über hundertjährig und wurde von Pierre Monnier beim Abriss einer Huilerie in Pompaples gerettet. Etwa fünf Tonnen Nüsse werden jeden Winter von einem maschinellen «Nussknacker» geknackt. Die ganze Familie versammelt sich dann um den Tisch und liest von Hand die Kerne aus den harten Schalen. Aus ihnen entstehen etwa 2500 Liter wunderbar duftendes Walnussöl und eine kleine Menge Haselnussöl. Man kann ohne Voranmeldung vorbeigehen und wird freundlich empfangen (Telefon +41 (0)21 866 62 69).

beobachten und fotografieren. Wir folgen dem Wegweiser, der uns vor dem Friedhof nach rechts über Felder mit Pferden, Ziegen und Gänsen wieder in die Weinberge führt. Nun beginnt eine schöne Wanderung durch die Reben mit einem grossartigen Blick ins Tal und zu den Alpen. Bei einer Kreuzung steht ein Grenzstein. Auf der einen Seite gehören die Weinberge zur Gemeinde Arnex, auf der anderen zu Orbe. Von fern schon sieht man eine riesige Eiche. In ihrem Schatten kann man sich zwischen Findlingen auf dem Gras niederlassen und sein Picknick auspacken.

Oberhalb der Rebberge biegen wir nach rechts, bis wir auf das Strässchen treffen, das nach links zum Hof Le Devin führt. Wir gehen aber nach rechts (möglicherweise entgegen den Wegweiser). Nach einem kleinen Wäldchen haben wir den Umkehrpunkt erreicht. Auf dem Rückweg treffen wir am Ende einer Talmulde auf eine auffällige Reihe alter Pappeln. Sie wurden gepflanzt, um die Reben vor dem in diesem Engnis wie in einer Düse verstärkten Nordwind zu schützen. Der Weiterweg führt uns direkt ins Dorf zurück.

Die Extras

Rund um den Wein

- Cave Coopérative d'Orbe et environs: In dieser Genossenschaft sind etwa 40 Winzer aus 13 Gemeinden zusammengeschlossen. Ihr Keller liegt in dem schönen Bauernhaus aus dem Jahr 1830 links neben dem Restaurant Toucan an der Hauptstrasse. Mittwoch 17 bis 19 Uhr und Samstag 10 bis 12 Uhr geöffnet, Telefon +41 (0)24 441 39 93.
- Etwa ein halbes Dutzend Selbstkelterer öffnen gleichzeitig mit der Cave Coopérative ihre Keller ebenfalls für Besucher. Vielleicht die interessantesten, alle in Arnex, sind: Cave Bernard et Jacques Gauthey, Telefon +41 (0)24 441 12 11; Marilyne Lavenex, Rue de la Gare, Telefon +41 (0)24 441 24 27, und Cave Jean-Daniel Gauthey-Baudat, Telefon +41 (0)24 441 14 08.

Generell zeichnen sich die Weine der Region durch ein hervorragendes Preis-Leistungs-Verhältnis aus.

Restaurants

- Arnex-sur-Orbe: Restaurant Le Toucan, Telefon +41 (0)24 441 33 13, Ruhetag Sonntag und Montag. Schöne grosse Terrasse mit kleinem Kinderspielplatz. Von aussen nicht sehr einladend wirkend, überrascht das Restaurant mit einer erstaunlich gepflegten und vielfältigen Küche. Neben regionalen Spezialitäten auch Pizza und eine reiche Aus-

Diese Pappelreihe dient dem Windschutz.

Der alte Keller der Cave Coopérative d'Orbe.

wahl an Salaten. Schneller und sehr aufmerksamer Service.

Besonderes

In der Käserei von Arnex kann man würzigen Gruyère in verschiedenen Reifegraden und ab Ende September den hervorragenden mehrfach preisgekrönten Vacherin Mont d'Or kaufen. Wenn der Laden geschlossen ist, einfach die Treppe hochsteigen und klingeln.

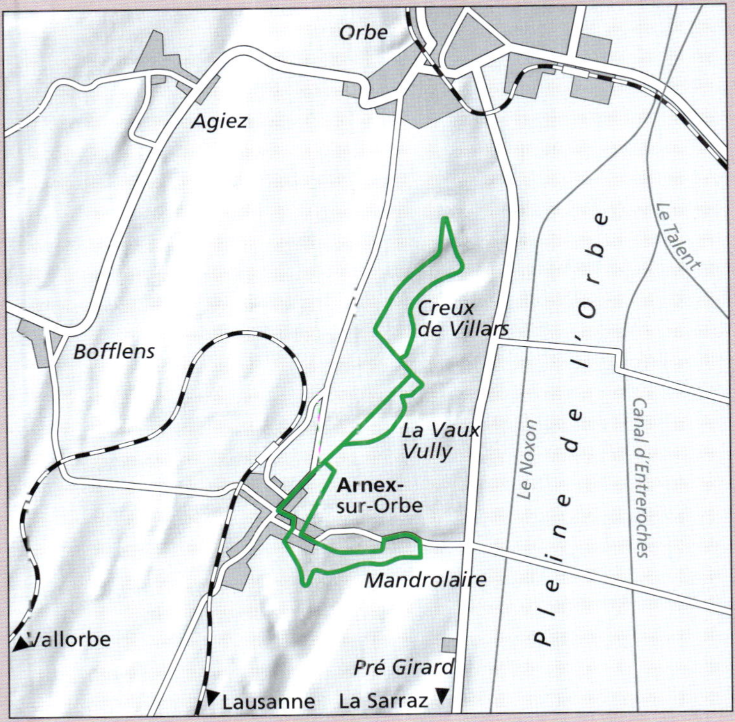

Von Cully nach Rivaz: Durch das Dézaley, den spektakulärsten Rebhang der Schweiz

Warum gerade hier wandern?

- Spektakuläre Rebhänge und Weinbergterrassen.
- Weite Sicht über das ganze Genferseebecken hinüber zu den Walliser und Savoyer Alpen.
- Unberührte Winzerdörfer mit engen, verwinkelten Gassen.
- Viele historische Orte und Monumente.
- Viele Informationstafeln mit Angaben zum Wein, der Geschichte, der Natur und den Arbeiten und Festen der Winzer.
- Am Ende der Wanderung kann man die Badehose auspacken und sich im See abkühlen.

In den mauerdurchzogenen Rebbergen des Dézaley sind die Rebwege oft tief ausgewaschen.

Das Haar in der Suppe

Wie fast in allen steilen Weinbaugebieten sind die Wege auch hier betoniert.

Wanderzeiten und Schwierigkeit

Wenn Sie es gemütlich nehmen, sollten Sie etwa 2 Stunden einplanen.
Die Wanderung ist leicht, nur am Schluss geht es etwas steil hinunter. Achtung: Im Hochsommer kann es hier sehr heiss werden.

Kinder? Velo?

Für Kinder ist die Wanderung wegen den vielen schönen Picknickplätzen, zum Teil mit Schaukeln, gut geeignet.
Mit dem Rad problemlos machbar.

Das sollte man mitnehmen

Sonnenhut, Badesachen.

Hin und zurück

Mit der Bahn

Cully und Rivaz liegen an der SBB-Strecke Lausanne–Genf und verfügen jeweils über einen Bahnhof.

Mit dem Auto

Beim Bahnhof sind genügend Parkplätze vorhanden, von dort zur Schiffsanlegestelle sind es nur einige Minuten zu Fuss (keine Dauerparkplätze bei der Schiffsanlegestelle).

Mit dem Schiff

Das Schiff von Lausanne Ouchy nach Vevey und Montreux hält in Cully und in Rivaz.

Der Freiheitsbaum von 1798 in Cully.

Die Route

Von Cully nach Epesses

Wir beginnen unsere Wanderung auf dem grossen, mit Bäumen bestandenen Platz beim Hafen, auf dem uns etwas vom Pathos des Freiheitskampfes der Waadtländer gegen die Berner Fremdherrschaft umweht. Hier steht zu Ehren von Major Jean Abraham Daniel Davel (1670–1723), dem Waadtländer Freiheitshelden, ein Obelisk. Er war Notar in Cully und musste seinen Kampf gegen die Berner 1723 unter dem Beil des Scharfrichters mit dem Leben bezahlen. Erfolgreich war der Unabhängigkeitskampf erst im Gefolge der napoleonischen Neuordnung der Schweiz 1798. Eine gewaltige Platane, die damals als Freiheitsbaum gepflanzt wurde, erinnert an dieses Jahr. Wir gehen die Rue Davel hoch bis zum Gerechtigkeitsbrunnen (eine klarsichtige Gerechtigkeit ohne Augenbinde), dort nach links, an der Kirche vorbei bis zur Hauptstrasse. Das Dorf besitzt noch viele schöne Häuser und ein bemerkenswert geschlossenes Ortsbild. Der Weg führt uns auf der Hauptstrasse nach rechts unter der Bahn hindurch und dann gleich wieder rechts der Bahn entlang zum Dorf hinaus. Beim Friedhof sehen wir erstmals am Boden ein blaues Zeichen mit zwei Pfeilen, welche die Richtung des Weinwanderwegs angeben. Bei der nächsten Gabelung bleiben wir links. Nun steigt der Weg langsam hinauf in die Weinberge der Appellation Epesses, in denen das kleine Winzerdorf Riex links oben fast verschwindet.

Der Weg wird nun etwas steiler und zu einem eigentlichen Hohlweg, der zum Teil mehr als drei Meter tief unter dem Niveau der umliegenden Rebberge liegt. Im Verlauf der Jahrhunderte hat das Wasser die Wege an den steileren Stellen oft bis auf den Felsen hinunter ausgewaschen und so diese manchmal fast schluchtartigen Hohlwege geschaffen. Wenn man das sieht, versteht man besser, weshalb heute fast alle Rebwege betoniert sind. Wenige Schritte nach Verlassen des Hohlwegs steht auf der linken Seite in die Mauer des Weinbergs eingefügt ein Grenzstein mit den Buchstaben E und C. Er bezeichnet die Grenze zwischen der Appellation Epesses und der kleinen, nur sechzehn Hektaren umfassenden Grand-Cru-Lage Calamin. Sie zieht sich unterhalb des Dorfes Epesses hindurch und grenzt auf der anderen Seite an die Lage Dézaley.

Epesses

Epesses hat sich den Charme eines intakten Winzerdorfs bis heute bewahren können. Und tatsächlich, in keinem Dorf des Kantons wohnen mehr Winzer als hier. Obwohl auch der unterhalb des Orts hindurchführende Weinwanderweg sehr schön ist, empfehlen wir einen Spaziergang durch die engen Gassen des Dorfs. Wir gehen also nach links hinauf bis zur Hauptstrasse. Hier finden wir

Das Dézaley, der wohl berühmteste Weinberg der Schweiz.

auch einen Ortsplan mit allen Weingutsbetrieben. Vor dem Dorfeingang lädt die Auberge du Vigneron zu einer kurzen Rast bei einem Glas Wein oder zu einem ersten Imbiss. Im malerischen Dorfkern sind viele Winzerhäuser mit schönen Schildern geschmückt. Ein kurzer Umweg führt uns über den hübschen kleinen Dorfplatz, dann stehen wir schon wieder am Ausgang des Orts, wo die Gemeinde einen von Kastanienbäumen beschatteten Picknickplatz eingerichtet hat, von dem aus sich eine herrliche Aussicht eröffnet.
Nach wenigen Metern führt uns der Weg nach rechts wieder in die Weinberge zurück.

Von Epesses ins Dézaley …

In einer kleinen Geländemulde markiert ein Bächlein die Grenze zwischen den beiden Grand-Cru-Lagen Calamin und Dézaley. Hier verändert sich auch der Charakter der Landschaft: Blicken wir zurück, sehen wir eher sanfte Hügel, vor uns dagegen wird der Hang immer steiler und steiniger, hinter uns dominiert das Grün oder das Gold des Reblaubs, vor uns das Grau von Mauern und Fels. Über den Weinbergen des Dézaley wacht die Tour de Marsens. Heute noch beeindruckt der mit Zinnen gekrönte mittelalterliche Turm, der sich in privatem Besitz befindet. Seine Herkunft verliert sich im Dunkel der Geschichte.
Die Rebberge von Dézaley wurden in einer gewaltigen, Jahrhunderte dauernden Arbeit einem gefährlichen Steilhang abgetrotzt. Bevor die Zisterziensermönche seit dem 12. Jahrhundert hier ihre hingebungsvolle Arbeit begannen, war diese Stelle des Genferseeufers zu Land fast unpassierbar und musste mit dem Schiff umfahren werden. Im See sind noch gut die Steinblöcke zu erkennen,

die einst von diesem Hang hinuntergestürzt sind. Die beiden bedeutendsten Weingüter dieser Appellation sehen wir vor uns in den Reben: Clos des Moines oben und Clos des Abbayes etwas weiter unten. Beide wurden im 12. Jahrhundert von Zisterziensermönchen gegründet und später, 1536, nach der Inbesitznahme durch die Berner, die auch die Reformation mitbrachten, aufgehoben; heute befinden sie sich im Besitz der Stadt Lausanne.
Je weiter wir kommen, umso spektakulärer wird der Hang. Oben sieht man die Nagelfluhfelsen, die mit metallenen Ankern tief im Berg gesichert werden mussten. Oft ist die Fläche über einer Mauer so klein, dass sie nur zwei bis drei Rebzeilen Platz bietet, bevor schon die nächste Mauer folgt. Die vielen grossen, rostigen Röhren, die in langen Reihen über die Mauern heruntersteigen, dienen der Ableitung des Regenwassers. Die insgesamt 54 Hektaren der Appellation teilen sich 133 Winzer, die heute noch wie die Mönche des Mittelalters ihre Reben weitgehend in Handarbeit pflegen. Man versteht, weshalb eine Flasche Dézaley ihren Preis hat. Wir geniessen sie umso andachtsvoller.

... und hinunter nach Rivaz

Nach diesem spektakulären Teil der Wanderung erreichen wir die Strasse, die uns nach Rivaz hinunterführt. Vorher werfen wir aber noch einen Blick zurück und nach oben. Die Grenze zwischen den flachen Lagen oben und den steilen Hängen, aus denen wir gerade gekommen sind, ist auch die Grenze zwischen den Appellationen Dézaley und Saint-Saphorin. Oben am Hang liegt Chexbres, das wegen seiner herrlichen Aussicht auch «le balcon du Léman« genannt wird. Von dort herunter hat sich ein Bach eine

Ein Wort zum Wein

In den gerade mal 54 Hektar des Dézaley schlägt das eigentliche Herz des Lavaux. Von allen Seiten flutet das Licht der Sonne durch die Rebzeilen. Die Winzer sprechen poetisch sogar von den «trois soleils»: Von oben brennt unerbitterlich die Sonne direkt in die Steillagen hinein; der Seespiegel reflektiert das Licht, das so zum zweiten Mal, nur aber sanft und von unten, die reifenden Trauben erreicht. Und die dritte «Sonne» bilden das Gestein des Bodens und die steinernen Mauern; sie speichern die Wärme des Tages, um sie in den kühlen Nachtstunden und an den etwas kälteren Tagen in die Weinberge zurückstrahlen zu lassen. Darin liegt wohl der Schlüssel dafür, dass gerade hier die schweizerischste aller schweizerischen Rebsorten, der Chasselas, seine wahre Grösse erreicht und alle seine sonst nur allzu oft etwas verborgenen Vorzüge offenbart: Die Trauben reifen in diesem Lichtmeer perfekt aus, und die Mineralien des steinigen Untergrundes schenken ihnen einen unverwechselbaren Charakter. In guten Jahren und aus der Hand des erfahrenen Winzers entstehen so Weine von komplexer Grösse. Sie sind gleichzeitig reich, kraftvoll, tiefgründig und subtil und erfreuen den Gaumen mit einem weiten Aromenspektrum, in dem man Früchte (Äpfel, Orangen), Mandeln und geröstetes Brot entdecken kann, dazu Holunderblüten und eine leichte Spur von Honig. Was die Kenner aber am stärksten beeindruckt, ist ihr ausgeprägt mineralischer Charakter – man meint den Duft der glühenden Steine im Glas zu entdecken. Chasselas dieser Qualität erreicht seine volle Ausdruckskraft erst nach einigen Jahren Lagerung.

kleine Schlucht gegraben, in der sich ein idyllischer Wasserfall verbirgt. Vor Zeiten trieb er sogar eine Mühle an. Das Dorf Rivaz bietet uns zum Abschluss der Wanderung alles, was wir jetzt noch brauchen: die Auberge de Rivaz, ein nettes Restaurant mit schattigem Garten, einen kleinen Strand, eine Schiffsanlegestelle und einen SBB-Bahnhof.

Die Extras

Weindegustationen

■ In Cully, Riex, Epesses und Rivaz gibt es jeweils ein Caveau des Vignerons, das in der Regel von Anfang Sommer bis in den Herbst hinein am Wochenende von 17 bis 19 Uhr die Gelegenheit bietet, einheimische Weine zu verkosten und mit den Winzern zu plaudern. Cully: Telefon +41 (0)21 799 54 54; Epesses: Telefon +41 (0)79 378 42 49; Riex: Telefon +41 (0)21 799 19 31; Rivaz: Telefon +41 (0)21 946 11 13. Die Caveaux sind in den Orten ausgeschildert und leicht zu finden. Besonders schön ist das Caveau von Epesses.

Am Ende eines heissen Wandertages lockt der See.

Auch viele Winzer freuen sich über einen Besuch. Hier eine Auswahl an Adressen:

■ Domaine Blondel, Chemin du Vigny 12, Cully, Telefon +41 (0)21 799 31 92. Francine und Jean-Luc Blondel, die beiden Inhaber des Weinguts, sind wahre Künstler des Terroirs. Sie verarbeiten die Trauben aus den verschiedenen Lagen im Herzen des Lavaux separat und bringen die Unterschiede sehr subtil zum Ausdruck. Geöffnet im Sommer am Samstag von 10.30 bis 12.30 Uhr; sonst auf telefonische Voranmeldung.

■ Louis Bovard, Place d'Armes 2, Cully, Telefon +41 (0)21 799 21 25. Neben dem legendären Dézaley «La Médinette» keltert Louis Bovard noch mehr als ein Dutzend weitere Weine von hervorragender Qualität. Geöffnet Dienstag und Mittwoch von 14 bis 17 Uhr und Donnerstag bis Samstag von 10 bis 12 und 14 bis 17 Uhr.

■ Im schönen «Le Petit Versailles» in Cully, Telefon +41 (0)21 799 22 22, keltert die Familie Dubois Frères & Fils mustergültige Chasselas, darunter den Star des Hauses, «De la Tour», aus der Lage Dézaley-Marsens. Daneben auch eine kleine Auswahl an beachtlichen Rotweinen. Besuch nach telefonischer Voranmeldung.

■ Das Zentrum des Weinguts Clos du Boux von Luc Massy in Epesses, Telefon +41 (0)21 799 21 47, ist der vollständig von einer Mauer umgebene Weinberg Clos du Boux mit dem eindrücklichen Winzerhaus. Seine Weine zeichnen sich durch Frische, Reinheit und grosse Eleganz aus. Geöffnet Freitag von 10 bis 12 Uhr oder auf Vereinbarung.

■ Das alte, traditionsreiche Weingut von Vincent Chappuis & Fils, En Bon Voisin, Rivaz, Telefon +41 (0)21 946 17 57, besitzt einen wunderschönen Keller mit alten Holzfässern. Besuch auf Voranmeldung.

■ Marc-Henri Leyvraz, En Bon Voisin, Rivaz, Telefon +41 (0)21 956 15 57. Die Originalität der Persönlichkeit von Marc-Henri Leyvraz spiegelt sich auch in seinen Weinen. Bemerkenswert sind auch seine kräftigen Roten (Pinot noir und Gamay). Besuch auf Voranmeldung. Mehr Informationen finden Sie unter info@lavaux.com.

Restaurants

■ Cully: Le Raisin, Telefon +41 (0)21 799 21 31, raisin@relaischateaux.com, www.relaischateaux.com/raisin. Gehobene Gastronomie. Gepflegtes Haus.

■ Cully: Hotel Restaurant Au Major Davel, Telefon +41 (0)21 799 94 94, www.hotelaumajordavel.ch. Am See mit Tischen unter den Bäumen der Place d'Armes.

■ Epesses: Auberge du Vigneron, Telefon +41 (0)21 799 14 19. Gut, einfach und preiswert. Schöne Terrasse mit Aussicht über den See.

■ Riex: Restaurant Café de Riex, Telefon +41 (0)21 799 13 06, Ruhetag Montag und Dienstagmittag. Schweinefleischspezialitäten.

■ Rivaz: Auberge de Rivaz, Telefon +41 (0)21 946 10 55. Preiswerte Menüs, Pizza. Grosser Garten. Gegenüber Bahnhof.

Besonderes

Einige Hoteliers des Lavaux gewähren den Kunden der Weinbauern einen einmaligen Rabatt von zwanzig Prozent auf die Zimmerpreise, wenn sie eine Bestätigung des Winzers vorlegen können.

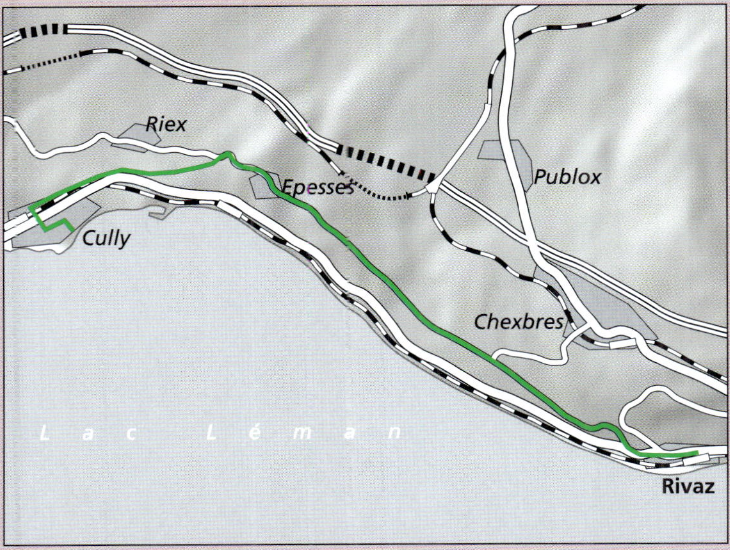

Immer schön der Bahn entlang: Von La Conversion bis Grandvaux

Warum gerade hier wandern?

- Man überblickt fast die ganze spektakuläre Szenerie des Lavaux mit den Weinbergen, den Winzerdörfern und dem Genfersee und geniesst einen weiten Blick hinüber in die Savoyer Alpen.
- Einfache, eben verlaufende Wanderung entlang den Bahngeleisen mit Rückfahrtmöglichkeit schon auf halbem Weg.
- Auch für ältere Wanderer absolut geeignet.
- Schön gestaltete und sehr interessante Schautafeln.

Das Haar in der Suppe

Man könnte meinen, die durchfahrenden Züge würden sehr stören, das tun sie aber überhaupt nicht. Sie gehören einfach zum Charakter dieser Wanderung.

Wanderzeiten und Schwierigkeit

Die ganze Wanderung ist etwa fünf Kilometer lang und verläuft praktisch eben. Man kann schon auf halber Strecke beim Halt Bossière wieder in den Zug einsteigen und zurückfahren. Wenn man 1½ bis 2 Stunden einrechnet, hat man auch genügend Zeit, die Aussicht und die Sonne zu geniessen und die zahlreichen Informationstafeln zu lesen. Falls Sie nur die halbe Wanderung planen, empfehlen wir, mit dem Zug von Grandvaux bis zum Halt Bossière zu fahren und von dort nach Granvaux zurückzuwandern.

Kinder? Velo?

Für Kinder ist die Wanderung gut geeignet, der Zug bietet eine zusätzliche Attraktion.

Für Fahrradfahrer ist die Strecke nicht empfehlenswert, der Weg ist ab und zu schmal und steinig und oft durch einige Treppenstufen unterbrochen.

Das sollte man mitnehmen

Fotoapparat – die Szenerie ist grossartig. Ein kleines Picknick, vielleicht mit einer Flasche Wein, um bei den beiden Winzerhäuschen von La Capite der Umgebung entsprechend stilvoll anstossen zu können.

Hin und zurück

Mit der Bahn

Halbstündlich verkehrt auf der Strecke in beiden Richtungen ein Regionalzug, der in La Conversion, beim Halt Bossière und in Grandvaux hält.

Mit dem Auto

La Conversion erreicht man am besten von Lutry aus. An der Hauptstrasse Lausanne–Vevey ist die Abzweigung gut markiert. Beim Bahnhof La Conversion stehen auf der Bergseite der Geleise genügend Parkplätze zu Verfügung. Hier beginnt auch die Wanderung.

■ Die Route

Von La Conversion über Bossière bis zum Pont de Bory

Wenn man aus dem Bahnhof von La Conversion tritt, sieht man auf der anderen Strassenseite bereits den ersten hellblauen Wegweiser, der den Sentier Viticole, den Weinwanderweg, begleiten wird. Wir folgen ihm auf der Bergseite der Geleise. Nach wenigen Minuten öffnet sich der Blick auf das spektakuläre Panorama: Im Hintergrund schliesst der majestätische Kranz der Savoyer Alpen mit dem höchsten Gipfel, dem 4807 Meter hohen Montblanc, den Horizont ab. Davor dehnt sich der See bis hinunter ins Becken von Genf, und im Vordergrund liegt Lutry mit seinen verschiedenen Weilern eingebettet in ein Meer von Reben. Wie bei einer Modelleisenbahn ziehen die Züge durch diese malerische Landschaft. Eine der schön gestalteten

Ein Wort zum Wein

Die Rebberge, die wir auf dieser Wanderung sehen, gehören gegen Lausanne hin zur Appellation (A.O.C) Lutry und weiter seeaufwärts zur Appellation Villette. Beide Appellationen sind Teil der Weinbauregion Lavaux, die sich von Lausanne bis ans östliche Ende des Sees erstreckt. Wie im ganzen Lavaux dominiert auch hier der Chasselas mit über 80 Prozent der Rebfläche, gefolgt von etwa 10 Prozent Pinot noir und Gamay. Den Rest bedecken Spezialitäten wie Pinot gris, Riesling x Silvaner, Chardonnay und andere. Wie die Landschaft hier eine Art liebliches Präludium zum dramatischen und spektakulären Dézaley darstellt, so lassen auch die Weine zwar schon die Monumentalität des berühmten Nachbarn erahnen, zeigen in ihrem Charakter aber doch noch den Charme und den Zauber ihrer etwas freundlicheren Herkunft.

Der kleine Halte de Bossière auf halbem Weg.

Die Bahn rauscht durch ein Meer von Reben.

Informationstafeln erklärt das ganze Panorama.

Nach einigen weiteren hundert Metern steht uns der «steilste» Aufstieg der ganzen Wanderung bevor, von der Höhe der Geleise bis zu einer Brücke, die diese überquert. Wir bleiben auf der Bergseite der Geleise und erblicken bereits den kleinen, schmucken, von Reben und Rosen überwachsenen Bahnhof von Bossière. Kurz danach unterqueren wir in einem schmalen Tunnel die Bahn und erreichen die alte, aus Natursteinen gebaute Eisenbahnbrücke Le Pont de Bory, die hoch über eine Schlucht führt und einen herrlichen Blick zurück auf Lutry mit seinen beiden Häfen und auf die Stadt Lausanne gestattet.

Vom Pont de Bory bis zum Bahnhof von Grandvaux

Nach einem weiteren kurzen Stück auf der Bergseite der Geleise kehren wir wieder auf die Seeseite zurück und erreichen hier den Sentier des dictons, den Weg der Sprichwörter und Weisheiten. Die Winzer von Aran haben auf kleinen Tafeln eine ganze Reihe solcher Sprüche dem Weg entlang aufgestellt; sie bereichern die Wanderung um einige Augenblicke des Nachdenkens. Nachdenken macht aber hungrig und durstig, deshalb wird gleich anschliessend auch für das leibliche Wohl gesorgt. In La Capite, zwei schön ausgebauten und von Reben überwachsenen Winzerhäuschen, können wir uns im Schatten niederlassen, unsere Flasche Wein entkorken und die aufgelegten Informationsmaterialien studieren.

Gleich oberhalb von La Capite haben die Winzer dem Weg entlang von allen wichtigen Rebsorten des Gebiets je einen Weinstock gepflanzt. Hier wächst also in den nächsten Jahren ein kleiner Reblehrpfad heran. Nun taucht der Weg

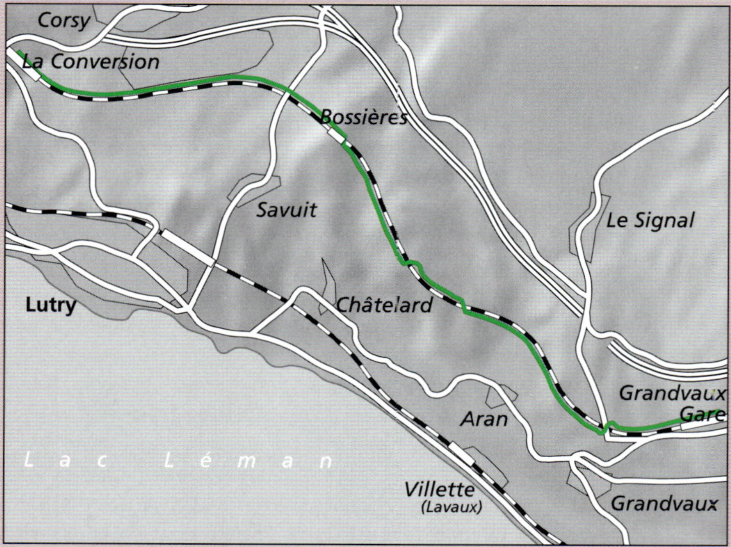

vollends in die Weinberge ein und ist dann am Rand eines kleinen Föhrenwäldchens erstmals sogar beschattet. Das letzte Stück bis zum Bahnhof Grandvaux legen wir auf der asphaltierten Strasse zurück und geniessen dabei den Blick auf den Steilhang des Dézaley direkt vor uns. Vor dem Bahnhof lädt zum Abschluss dieser kurzen, aber eindrücklichen Wanderung die Terrasse des Restaurant de la Gare zu einem erfrischenden Glas einheimischen Weins ein.

Die Extras

Weindegustationen

Sowohl in Aran wie auch in Grandvaux haben die Winzer einen Caveau eingerichtet.

- Aran: In der alten Bäckerei des Dorfes steht ein Winzerkeller für dreissig bis vierzig Personen zur Verfügung. Davor liegt eine schöne verkehrsfreie Terrasse mit grossartiger Aussicht.
- Grandvaux: Der Keller liegt im Zentrum des Dorfes und bietet etwa vierzig Personen Platz.

Öffnungszeiten: Beide Keller sind von Ende April bis Ende November am Freitag, Samstag und Sonntag von 17 bis 21 Uhr oder auf Reservation geöffnet. Auskunft und Kontakt Telefon +41 (0)21 799 54 54, Fax +41 (0)21 799 54 55.

Selbstkelterer in Grandvaux:

- Die Weinberge der Domaine de la Grille von Alain Parisod, Grand Rue 24, Telefon +41 (0)21 799 16 87, liegen in den Gemeinden Villette und Epesses. Entsprechend breit ist das Sortiment, das sich durchgehend auf hohem Niveau bewegt. Besuch auf Voranmeldung.
- Noch weiter gestreut ist der Rebbergbesitz der Familie Vogel. Vogel Vins, Domaine Croix Douplex, Route du Chenaux 2, Telefon +41 (0)21 799 15 31. Er erstreckt sich vom Lavaux über das Chablais bis ins Wallis hinein. Chasselas dominiert natürlich, daneben werden aber auch Pinot noir und eine ganze Palette von Spezialitäten gekeltert. Die Kellerei ist am Donnerstag von 17 bis 20 Uhr und am Samstag geöffnet; sonst auf Voranmeldung.

Oben: Sibylle geniesst die Rast im Winzerhäuschen von La Capite. Unten: Die schöne historische Brücke von Bory.

Restaurants

- Grandvaux: Restaurant de la Gare, Telefon +41 (0)21 799 26 86, Ruhetag Sonntagabend und Montag, Betriebsferien erste drei Augustwochen. Traditionsreiches Gasthaus mit schöner schattiger Terrasse, von der aus man einen herrlichen Seeblick geniesst. Gepflegte Küche.

Mit der Drahtseilbahn in die Weinberge: Von Chardonne über St-Saphorin nach Rivaz

Warum gerade hier wandern?

- Attraktive Fahrt mit der Standseilbahn von Vevey nach Chardonne.
- Grossartiges Panorama.
- St-Saphorin ist einer der schönsten Winzerorte des Lavaux.
- Am Dorfausgang von St-Saphorin liegt die idyllische Vigne à Gilles, ein kleiner Rastplatz zu Ehren des Dichters und Chansonniers Jean Villard Gilles.
- Am Ende der Wanderung belohnt uns der See mit einem schönen Badestrand.
- Drei sehr spezielle, lohnende Restaurants am Weg.

Das Haar in der Suppe

Am Anfang der Wanderung stört die nahe gelegene Autobahn.

Wanderzeit und Schwierigkeit

Leichte Wanderung, die durchwegs nur abwärts führt (ausser beim Durchstreifen von St-Saphorin). Inklusive Seilbahnfahrt sind es gemütliche 2½ Stunden. Die Wanderung ist in der Gegenrichtung

Das steile und verwinkelte Dorf St-Saphorin wird von einem markanten Kirchturm gekrönt.

nicht unbedingt zu empfehlen, da sie dann ausschliesslich – und zum Teil recht steil – aufwärts führt.

Kinder? Velo?

Für Kinder ist die Bahnfahrt in dem «schräg stehenden» Zug sicher besonders attraktiv.
Mit dem Fahrrad (es kann in die Standseilbahn mitgenommen werden) braucht man auf dieser Strecke vor allem die Bremsen.

Hin und zurück

Mit der Bahn

Vom Bahnhof Vevey aus geradeaus zweimal über die Strasse und mit dem Bus Nummer 1 zur Drahtseilbahn. Man kann auch zu Fuss in einer guten Viertelstunde dorthin gelangen, was jedoch nicht empfehlenswert ist, da man dabei der stark befahrenen Hauptstrasse folgen muss. In Rivaz besteigt man wieder den Zug.

Mit dem Auto

Am besten bei der Schiffsstation von Vevey parkieren, von dort ist es nicht weit bis zur Drahtseilbahn. Nach der Rückfahrt von Rivaz mit dem Zug gelangen Sie entweder mit dem Bus von der Bahnstation zum Auto zurück, oder Sie machen noch einen kleinen Spaziergang dem See entlang.

Mit dem Schiff

Beide Ausgangspunkte der Wanderung, Vevey und Rivaz, sind sehr gut mit dem Schiff erreichbar.

Das sollte man mitnehmen

Badekleider. Bei der Schiffsstation in Rivaz lockt ein schöner Badestrand.

Unser Weg kreuzt die Schienen des «Train des Vignes», der von Vevey nach Chexbres fährt.

■ Die Route

Vevey bis Chardonne

Vor der Talstation der Seilbahn in Vevey steht eine grosse Informationstafel über die Weinwanderwege in der ganzen Region. Wir lösen unsere Fahrkarte bis Chardonne. Die Standseilbahn, die 1900 nach dreijähriger Bauzeit in Betrieb genommen wurde, führt über Chardonne weiter auf den Mont Pèlerin. Sie ist insgesamt 1585 Meter lang und bringt die Reisenden in zwölf Minuten Fahrzeit von der Talstation (394 m ü. M.) über eine Höhendifferenz von 418 Meter zur Bergstation auf dem Mont Pèlerin (812 m ü. M.). Langsam öffnet sich während der Fahrt das Panorama über Vevey mit dem Y-förmigen Verwaltungsgebäude von Nestlé, das 1958 bis 1960 von Jean Tschumi erbaut wurde. Nach der Ankunft in Chardonne gehen wir

Ein Wort zum Wein

Auf dem Weg von Chardonne nach Rivaz durchwandern wir die beiden Appellationen Chardonne und St-Saphorin. Beide gehören zum eigentlichen Kerngebiet des Lavaux. Hier liegen Gletscherablagerungen aus der Eiszeit über dem felsigen Untergrund, der im Dézaley so grossartig an die Oberfläche aufsteigt. Die Weine, vor allem der Chasselas, spiegeln dieses Terroir in ihrem Charakter. Sie sind gehaltvoll, kräftig und ausdrucksstark, aber trotzdem von grosser Feinheit. Noch dominiert der Chasselas in den Weinbergen, aber immer mehr Winzer suchen auch nach Alternativen, wobei der Pinot noir der Favorit ist, während der Gamay in der Beliebtheit eher zurücktritt. Dafür kommen eine ganze Reihe von neuen Rot- und Weissweinen in den Blick der Winzer, die es aber noch nicht über den Status von Spezialitäten hinausgeschafft haben.

nach rechts und dann auf der Rue du Village ins Dorf. Auf der rechten Strassenseite entdecken wir das Schild Logis de Chardonne. Chardonne macht es dem kulinarisch interessierten Wanderer nicht ganz leicht, standhaft zu bleiben, denn gleich drei sehr spezielle Restaurants locken am Weg: Au Bon Vin, La Montagne und National (siehe unten). Nach dem Dorfende biegen wir links ab und erreichen nach einer Unterführung unter der Strasse hindurch wieder die Rebberge mit einem herrlichen Blick hinaus auf den See.

Von Chardonne bis St-Saphorin

Wir steigen durch die Reben hinunter und versuchen die Autobahn einfach auszublenden, bald verschwindet sie sowieso aus unserem Blickfeld, denn wir unterqueren sie und hören sie dann auch nicht mehr. Gleich nach der Unterführung stossen wir auf einen Rastplatz mit allem, was das Herz begehrt: Aussicht, Schatten, Brunnen und eine Traubenpresse. An dieser erkennt man, dass die Basis dieser Pressen immer aus einem einzigen Steinblock gemeisselt wurde, und zwar aus hartem Granit oder Gneis, der oft auf Ochsenkarren von weither geholt werden musste. An dieser Stelle lagen die Rebberge der Confrérie de l'Eucharistie, der Ort heisst daher bis heute La Confrary.

Nach der Rast geht es weiter abwärts. Rechts erkennt man gut den Nagelfluhfelsen, aus dem der Untergrund der Böden bis zum Dézaley besteht. Auf einer Eisenbrücke überquert der gelbe Train des Vignes unseren Weg. Unmittelbar vorher haben wir die 128 Hektaren grosse Appellation St-Saphorin betreten. Wie im ganzen Lavaux herrscht auch hier die Chasselastraube mit fast achtzig Prozent der Rebfläche vor, es folgen Pinot noir mit zwölf und Gamay mit sieben Prozent.

Unterhalb des Wegs und hoch oben sehen wir zwei stattliche Weingüter, Burignon und Les Faverges, die wie die beiden berühmten Güter im Dézaley, Clos des Moines und Clos des Abbayes, auf den Zisterzienserorden zurückgehen.

Wir überqueren die Hauptstrasse, auf deren anderer Seite uns das Plätschern eines Brunnens erwartet. Er steht im Schatten eines grossen Mandelbaums, der schon im frühen Frühjahr die noch kahle Landschaft mit seinen rosa Blüten verzaubert. Nun geht es steil hinunter nach St-Saphorin, das den Wanderer mit seiner vom berühmten Kirchturm überragten intakten Dächerlandschaft begrüsst.

Von St-Saphorin bis Rivaz

Das Städtchen St-Saphorin war früher von einem Mauerring umschlossen, in dessen Schutz sich die Häuser zusammendrängten: Eng und verwinkelt sind die Gassen, Arkaden überspannen sie, Passagen spenden Schatten und geben immer wieder neue reizvolle Blicke frei. Unter der spätgotischen Kirche wurden Gebäudereste aus römischer Zeit gefunden, die man in einem Museum besichtigen kann. Bedeutend ist das Glasgemälde in der vorderen Front der Kirche, es stammt aus dem Jahr 1530 und ist wohl eines der schönsten Renaissancefenster der Schweiz.

Am oberen Dorfausgang geht unsere Wanderung mit dem einzigen, etwas steileren Anstieg weiter, der aber nur sehr kurz ist und uns sogleich auch mit dem idyllischsten Rastplätzchen des ganzen Lavaux belohnt, der Vigne à Gilles. Die Winzer von St-Saphorin haben hier zum Gedenken an den Dichter und Chansonnier Jean Villard Gilles (1895–1982) einen kleinen Rebberg gepflanzt und einen hübschen Brunnen gebaut, hinter dem ein Feigenbaum wächst. Auf der Gedenktafel steht: «Gilles a si bien chanté St-Saphorin, que les vignerons ont planté cette vigne en son souvenir. 3 Mai 1994.»

Auf dem Weiterweg nach Rivaz überqueren wir mehrere Bäche, die zeigen, dass auch bei langer Sommertrockenheit im Untergrund immer noch reichlich Wasser vorhanden ist. Die Rebe treibt ihre Wurzeln zehn und mehr Meter weit in die Tiefe, um zu diesen Quellen vorzudringen, dabei nimmt sie vielfältige Mineralien auf, die dem Wein seinen unverwechselbaren Standortcharakter schenken. Würden die Winzer ihre Reben bewässern, ginge genau dieser

Auch die Weinberge des schönen Weinguts Burignon wurden von den Zisterziensern angelegt, und ihre Weine wurden einst ebenso teuer gehandelt wie der Dézaley.

Charakter verloren, er würde buchstäblich verwässert. Bewässerung ist daher im Lavaux nur bei extremer Trockenheit und nur mit amtlicher Bewilligung gestattet.

Unten am See liegt das eindrückliche Château de Glérolles, das in Gestalt und Lage wie der kleine Bruder von Château Chillon anmutet. Seine Anfänge gehen weit ins Mittelalter zurück. Seit dem 14. Jahrhundert gehörte es den Bischöfen von Lausanne, die ihm im ersten Viertel des 16. Jahrhunderts im Wesentlichen seine heutige Gestalt gaben, kurz bevor die Berner 1536 in der Waadt einmarschierten, die Reformation mitbrachten und hier einen eigenen Kastellan einsetzten. Nach der Vertreibung der Berner kam das Schloss 1803 in Privatbesitz.

Wir durchqueren das Weinbauerndorf Rivaz und erreichen den See mit der Schiffsstation, dem SBB-Bahnhof und einem hübschen kleinen Badestrand.

Die Extras

Weindegustationen

■ In allen drei Dörfern haben die Winzer einen eigenen Degustationskeller, ein Caveau des Vignerons, eingerichtet. Die Caveaux sind zu bestimmten Zeiten geöffnet und können für Veranstaltungen auch gemietet werden: in Chardonne, Telefon +41 (0)21 921 49 24, geöffnet von Mai bis Ende September, Freitag bis Sonntag 17 bis 20 Uhr; in St-Saphorin, Telefon +41 (0)21 921 13 05, geöffnet von Mai bis Oktober, Freitag bis Sonntag 17 bis 21 Uhr; in Rivaz, Telefon +41 (0)21 946 11 13, geöffnet von Mai bis Ende Oktober, Donnerstag bis Sonntag von 17 bis 21 Uhr.

Auch viele Winzer freuen sich über einen Besuch. Oft stellen sie ein Schild («Bienvenu, La Cave est ouverte») vor den Eingang, wenn jemand da ist und Besucher empfangen kann.

■ Nur noch etwa die Hälfte der Weinberge von Olivier Ducret vom Weingut La Confrary, Rue du Village 61, Chardonne, Telefon +41 (0)21 921 55 68, sind mit Chasselas bestockt, auf der anderen Hälfte hat er Sylvaner, Pinot gris, Pinot noir, Gamay, Gamaret und andere Spezialitäten gepflanzt. Auch in der Art der Weinbereitung hat er Schritt für Schritt sein Angebot diversifiziert, so dass er heute ein ganzes Dutzend verschiedene Weine anbieten kann. Besuch nach telefonischer Voranmeldung.

■ Bei Alain Neyroud, Rue du Vigno-

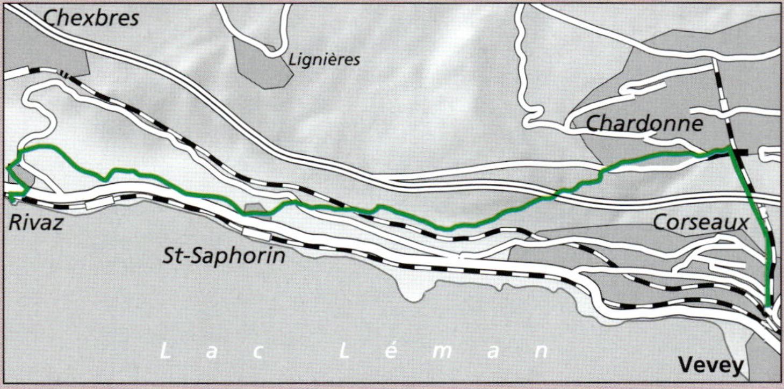

ble 28, Chardonne, Telefon +41 (0)21 921 81 27, haben die roten Rebsorten die weissen bereits überholt. Seit einigen Jahren stellt er seinen Betrieb konsequent auf biodynamischen Anbau um. Geöffnet Samstag von 8 bis 12 Uhr, sonst auf Voranmeldung.

■ Cave du Château de Glérolles, Sandrine und Philippe Trueb, St-Saphorin, Telefon +41 (0)21 946 25 30. In diesem «Klein Chillon» kann der Besucher von Dienstag bis Freitag von 13.30 bis 18 Uhr und am Samstag von 9 bis 17 Uhr Weine kaufen. Für Veranstaltungen mit bis zu 40 Personen meldet man sich direkt bei der Besitzerin, Sandrine Trueb.

■ Das alte, traditionsreiche Weingut Vincent Chappuis & Fils, En Bon Voisin, Rivaz, Telefon +41 (0)21 946 17 57, besitzt einen wunderschönen Keller mit alten Holzfässern. Besuch auf Voranmeldung.

■ Marc-Henri Leyvraz, En Bon Voisin, Rivaz, Telefon +41 (0)21 956 15 57. Die Originalität der Persönlichkeit von Marc-Henri Leyvraz spiegelt sich auch in seinen Weinen. Bemerkenswert sind neben den traditionellen Weissweinen auch seine kräftigen Roten (Pinot noir und Gamay). Besuch auf Voranmeldung.

Restaurants in Chardonne

■ Le National, Telefon +41 (0)21 921 29 08, geöffnet nur von Donnerstag 18 Uhr bis Sonntagabend. Die übrige Zeit widmen die Inhaber der Herstellung von Likören aus Wildgewürzen und -früchten, die in einigen Geschäften der Region erhältlich sind. Die Küche spiegelt die ganz persönliche Handschrift eines Liebhabers natürlicher Produkte.

■ Au Bon Vin, Telefon +41 (0)21 921 27 04, Ruhetag Sonntag, von April bis September Samstag und Sonntag. Regionale Spezialitäten.

Die Ehrentafel der Winzer von St-Saphorin für den Dichter Jean Villard Gilles.

■ La Montagne, Telefon +41 (0)21 921 29 30, Ruhetag Sonntag und Montag. Grosse Terrasse.

Besonderes

Weinmarkt von Chardonne: Am letzten Samstag im Mai schenken die Winzer von Chardonne die Weine des letzten Jahrgangs an Ständen auf den Strassen des Dorfes aus. Das ganze Dorf feiert bei Musik und der traditionellen Erbsensuppe mit.

Das Chablais mit den beiden Perlen Yvorne und Aigle

Warum gerade hier wandern?

- Sehr abwechslungsreiche Wanderung mit wunderbarem Blick in die Rhone-Ebene und zu den Walliser Alpen.
- Gute Markierung und zahlreiche Tafeln mit geschichtlichen und weinbautechnischen Informationen.
- Die Wanderung kann bis nach Ollon ausgedehnt werden.
- Das Schloss Aigle ist eine der schönsten Burganlagen der Schweiz und beherbergt ein sehr sehenswertes Weinbaumuseum.

Das Haar in der Suppe

Keines.

Wanderzeiten und Schwierigkeit

Die ganze Wanderung ist etwa sechs Kilometer lang. Wenn Sie die Schautafeln studieren und die Landschaft geniessen wollen, brauchen Sie dafür etwa 2 Stunden. Für den Schlossbesuch in Aigle ist zusätzlich rund 1 Stunde zu rechnen.
Die Wanderung ist leicht und führt über Asphalt- und Naturwege. Eine ganze Reihe von Rastplätzen mit Tischen und Bänken laden zum Verweilen ein.

Kinder? Velo?

Die Wanderung ist für Kinder ab Schulalter durchaus geeignet (auch Obelix war da).

Das malerische Schloss Aigle beherbergt heute ein Wein- und Salzmuseum.

Die Wege sind zum Teil etwas ausgewaschen und daher für Radfahrer eher mit dem Bike als mit dem Rennrad befahrbar.

Das sollte man mitnehmen

Für den Fotoamateur bieten das Schloss Aigle und die Maison Blanche in Yvorne lohnende Motive.

Hin und zurück

Mit der Bahn

Aigle besitzt einen SBB-Bahnhof. Von dort mit dem Postauto nach Yvorne (angeschrieben Corbeyrier); das Ticket bis Yvorne, Le Torrent wird im Bus gelöst. Dort beginnt unsere Wanderung, die wieder zurück zum Bahnhof Aigle führt. Wer bis Ollon wandert, kann mit der Regionalbahn AOMC nach Aigle zurückfahren. Das ganze Angebot an regionalen öffentlichen Verkehrsmitteln ist übersichtlich zusammengestellt in einem «Horaire Général» der Transports Publiques du Chablais, TPC, Telefon +41 (0)24 468 03 30, www.tpc.ch.

Mit dem Auto

Direkt bis Yvorne fahren und das Auto auf dem Platz vor dem Restaurant Du Torrent parken. Oder von Aigle mit dem Postauto wie oben beschrieben.

■ Die Route

Von Yvorne bis Vers Pousaz

Bis vor kurzer Zeit hielten die Züge auch noch an einem Bahnhof unterhalb von Yvorne im Tal, dort beginnt der ausgeschilderte Weinwanderweg. Die Haltestelle wurde aber inzwischen geschlossen, weshalb wir unsere Wanderung schon oben im Dorf Yvorne auf der Place du Torrent beginnen. Wir folgen wenige Meter der Strasse nach Corbeyrier, biegen dann links ab und gehen vor der Cave Communale La Grappe vorbei in die Weinberge. Bald schon stossen wir auf eine Kreuzung und damit auch auf den ausgeschilderten Sentier des Vignes. Ein grün-weisses Signet wird uns nun sicher durch die Landschaft geleiten.

Vor uns steigt steil der berühmteste Rebhang von Yvorne, Clos du Rocher, in die Höhe. Gegen Westen ist er besonders gut vor dem Wetter geschützt, und gegen Südosten fängt er fast den ganzen Tag über die Sonne ein. Rechts oben sehen wir die Maison Blanche, ein hübsches Schlösschen, das 1573 erbaut wurde, aber elf Jahre später bereits

Schloss Aigle

Das Schloss von Aigle besass eine wichtige strategische Bedeutung: Von hier aus kontrollierten seine Besitzer die Strasse aus dem Wallis ins Genferseegebiet und den Eingang zu den beiden Pässen Mosse und Pillon. Seine Anfänge gehen auf die Wende vom 12. zum 13. Jahrhundert zurück. Die Herrschaft über diese Gegend lag damals bei den Grafen von Savoyen, was den benachbarten Bernern nicht so recht passen wollte, jedenfalls brannten sie das Schloss 1475 nieder, allerdings nur um es dann grösser und mächtiger wieder aufzubauen und hier einen Gouverneur einzusetzen. Nach der Waadtländer Revolution 1798 ging es dann an die Gemeinde Aigle über, die es für alles Mögliche nutzte: als Gefängnis, Gericht, Spital und seit 1976 als Wein- und Rebbaumuseum. Ein Besuch lohnt sich unbedingt: Alle Aspekte des Weinbaus, von der Arbeit im Weinberg und im Keller bis hin zum Transport und zum fröhlichen Genuss, werden dank Ausstellungsstücken aus zwei Jahrtausenden vor dem Besucher lebendig.

Der Bergsturz von Yvorne

Am 4. März 1584 erschütterte morgens zwischen neun und zehn Uhr ein Erdbeben das ganze Genferseegebiet und löste mehrere Kilometer oberhalb von Yvorne im Vallon de Corbeyrier einen Bergsturz aus, der das damalige Dorf mit etwa sechzig Häusern und rund hundert Bewohnern fast vollständig unter sich begrub. Nur das Quartier Rennauds blieb verschont. Die Überlebenden wollten ihr neues Dorf nicht über der Grabstätte ihrer Verwandten errichten und bauten das neue Yvorne deshalb etwas weiter westlich.

einem Bergsturz zum Opfer fiel. Es wurde an der alten Stelle wieder aufgebaut, seine heutige neugotische Gestalt mit dem Türmchen erhielt es aber erst 1890. Es steht etwa an der Stelle, wo bis 1584 das Dorf Yvorne lag. Unterhalb der Maison Blanche kann man deutlich den Bergsturzkegel erkennen, der sich wie eine Zunge talwärts zieht.

Der Boden in den Rebbergen besteht aus einem Gemenge von zerbrochenen Steinen und Erde, wie es für den Schutt eines Bergsturzes typisch ist.

Waschbrunnen im Quartier La Fontaine.

Der Weg führt uns hinter der Maison Blanche hindurch, über den Torrent d'Yvorne, der sich tief in den Bergsturzschutt hineingefressen hat, zum kleinen Weiler Vers Morey. Unterwegs können wir einen Blick auf das schöne Dorfbild von Yvorne werfen. Ein Einheimischer meinte: Die Gemeindeautoritäten hätten wie die Sheriffs im Wilden Westen darüber gewacht, dass dieses Dorfbild durch keine fremden Elemente verschandelt wurde.

Nach Vers Morey können Wanderer, die bereits müde sind, nach Yvorne hinuntersteigen.

Unser Spaziergang führt in der Fortsetzung auf Naturwegen durch die Weinberge, wo sich die auf den Informationstafeln erläuterten verschiedenen Systeme der Rebenerziehung gut studieren lassen. Vor den ersten Häusern biegt der Weinwanderweg links ab und bringt uns in einen alten Vorort von Aigle, in das Quartier Vers Pousaz.

Von Vers Pousaz bis zum Schloss Aigle

Der Weg steigt etwas steiler nach links den Berg hinauf. Vor uns sehen wir mitten in den Weinbergen einen kleinen Hügel, auf dem schon bald eine Kapelle stehen wird. Einer Nonne ist in einer Vision eine Kapelle erschienen, verbunden mit dem himmlischen Auftrag, diese hier erbauen zu lassen, was in den nächsten Jahren mit einer Spezialbewilligung des Kantons auch geschehen wird. So können Träume wahr werden.

Links oberhalb der Weinberge sieht man die Kalksteinwände, von denen das Geröll in den Rebbergen stammt. Früher stiegen die Weinberge noch wesentlich höher hinauf. Herabfallende Steine und Erde haben die Kulturen aber immer wieder beschädigt, so dass die Weinberge schliesslich aufgegeben werden

Früher stiegen die Weinberge hier noch bis weit in den Wald hinauf.

Das hübsche neugotische Schlösschen La Maison Blanche.

mussten. Im Wald sind noch Mauerreste aus dieser Zeit erhalten. Aus dem Wald führen drei auffällige, breite Wege steil durch die Rebberge hinunter. Auf ihnen wurde früher das Holz zu Tal geführt.

Vor den ersten Häusern geht der Weinwanderweg nach links weiter; wer aber noch etwas Zeit hat, sollte einen kleinen Abstecher in das Quartier La Fontaine machen, das den Charme eines alten Handwerkerviertels bis heute bewahrt hat. Hier wohnten und arbeiteten früher die Gerber und nutzten das saubere und frische Wasser, das aus zahlreichen Quellen reichlich zur Verfügung stand, für ihr Handwerk. In der Ruelle du Croisat steht als letzter Zeuge noch ein gedeckter Waschbrunnen aus Stein. Sein Wasser schmeckt köstlich. An einem kleinen, idyllischen Platz liegt das einfache und gastfreundliche Restaurant La Fontaine.

Wir gehen zurück zum Weinwanderweg, der über die Zahnradbahn Aigle–Leysin und dann direkt den Gleisen entlang zum Bahnhof hinunterführt. Auf der anderen Seite der Brücke geht es dann dem Fluss entlang aufwärts und nach einigen hundert Metern nach rechts zum Schloss. Wenn wir jetzt einen Blick in die Weinberge der Ebene werfen, sehen wir einen ganz anderen Boden: runde Steine, die der Fluss oder sogar die Gletscher der Eiszeit aus den Alpen heruntergerollt und abgeschliffen haben.

In der letzten Biegung auf dem kopfsteingepflasterten Schlossweg öffnet sich nochmals ein schöner Blick hinüber zu den Weinbergen über dem Dorf. Durch Mauern aus vielen Jahrhunderten zusammengehalten und gestützt, liegen dort die kostbarsten und berühmtesten Lagen von Aigle, Les Murailles, das Schloss und die Maison de la Dîme. Würdiger könnte man diese Wanderung nicht abschliessen als mit einem Besuch im malerischen Schloss, das sicher zu den eindrucksvollsten Burganlagen der Schweiz gehört, und mit einer Erfrischung in der Pinte du Paradis.

Dem Schloss gegenüber liegt die mächtige Maison de la Dîme, die Zehntenscheune. Sie diente den Schlossherren als Stallung für die Pferde, als Tenne und natürlich zur Lagerung der in Naturalien abgelieferten Steuern, des Zehnten. Heute beherbergt sie das internationale Etikettenmuseum und die «Pinte du Paradis», ein holzgetäfeltes gemütliches Restaurant mit gehobener Waadtländer

Seitensprünge: Weiterweg bis Ollon

Der ausgeschilderte Weinwanderweg führt vom Schloss Aigle weiter nach Ollon. Wer sich dahin auf die Socken macht, sollte schon unterwegs auf die unterschiedlichen Böden achten. Nach dem vielfältigen Steinuntergrund von Yvorne und Aigle treffen wir in Ollon auf Gips, der an vielen Stellen schon im Waldstück an die Oberfläche tritt und dem Wein eine charakteristische Note verleiht.

Küche. Im Sommer geniesst man von der Terrasse aus einen spektakulären Blick über das ganze Panorama des Chablais.

Und zurück zum Bahnhof

Der Weg führt durch das alte und herrschaftliche Quartier Cloître zurück zum Bahnhof. Das Kloster ist zwar längst verschwunden, aber seine Kirche mit dem eindrücklichen Kirchturm schmückt immer noch die Strasse

Diese senkrechten Wege dienten früher dem Holztransport.

zurück ins Dorf. Hier im Schatten des Schlosses laden zahlreiche Keller zum Verweilen und Verkosten ein. Den Weg zum Bahnhof weisen die gelben Wegweiser.

Die Extras

Weindegustationen

- Bei vielen Winzern in der Region möglich. Informationen unter www.aigle.ch (unter «Liste des vignerons») und unter www.yvorne.ch (unter «Tourisme»), ausserdem bei Office de tourisme.
- Im Caveau des Vignerons von Yvorne kann man die Weine der Winzer des Dorfes verkosten. Sehr schöner grosser Keller mit Gartenterrasse. Mitte September bis Ende Oktober sowie April/Mai Samstag und Sonntag 17 bis 21 Uhr geöffnet; Juni bis Mitte September Mittwoch bis Sonntag 17 bis 21 Uhr. Für Reservationen Telefon +41 (0)24 466 59 16.
- Die Association Viticole von Yvorne, Maisons Neuves, Telefon +41 (0)24 466 23 44, hat sich kompromisslos der Qualität verschrieben. Geöffnet Montag bis Freitag von 10 bis 16 Uhr.
- Domaine de l'Ovaille, Frédéric und Philippe Deladoey, Les Maisons Neuves, Yvorne, Telefon +41 (0)24 466 88 88. Dieses Weingut setzt zu fast 100 Prozent auf den klassischen Chasselas. Besuch auf telefonische Voranmeldung.
- Domaine de la Pierre Latine, Philippe Gex, Les Rennauds, Yvorne, Telefon +41 (0)24 466 51 16. Chasselas macht bei diesem Betrieb nur gerade 45 Prozent der Produktion aus. Der Rest teilt sich in Pinot noir (30%), Gamaret (10%) und eine ganze Palette von Spezialitäten. Geöffnet Samstagmorgen oder auf telefonische Voranmeldung.
- In Aigle hat die Association Vinicole an der Place du Cloître 35 in einem Win-

zerhaus aus dem 16. Jahrhundert einen Degustationsraum eingerichtet, der von Anfang April bis Mitte Mai von Freitag bis Sonntag und von Mitte Mai bis Ende Oktober täglich von 16 bis 21 geöffnet ist. Diese Winzervereinigung, welche die Trauben von mehr als 130 Produzenten verarbeitet, setzt kompromisslos auf Qualität.

■ Die grosse Weinkellerei Henri Badoux in Aigle, Av. du Chamossaire 18, Telefon +41 (0)24 468 68 88, öffnet von Montag bis Samstag Mittag von 10 bis 16 Uhr auf Voranmeldung ihre Tür.

Restaurants

■ Aigle: La Pinte du Paradis in der Maison de la Dîme, der alten Zehntenscheune neben dem Schloss, Telefon +41 (0)24 466 94 22, Ruhetag Montag, Betriebsferien Januar und Februar; Dienstag, Mittwoch und Sonntag nur bis 18 Uhr geöffnet. Terrasse mit schöner Aussicht. Waadtländer Küche und grosse Auswahl an lokalen Weinen.

■ Aigle: Restaurant du Nord, Rue Colombe 4, Telefon +41 (0)24 468 10 55, Ruhetag Samstag und Sonntag. Gepflegte traditionelle Küche.

■ Aigle: La Fontaine, gastfreundliches Restaurant im alten Handwerkerviertel, Telefon +41 (0)24 466 10 00, Ruhetag Sonntag Abend und Montag.

■ Yvorne: Restaurant du Torrent, Place du Torrent, Telefon +41 (0)24 466 89 90. Einfache regionale Küche.

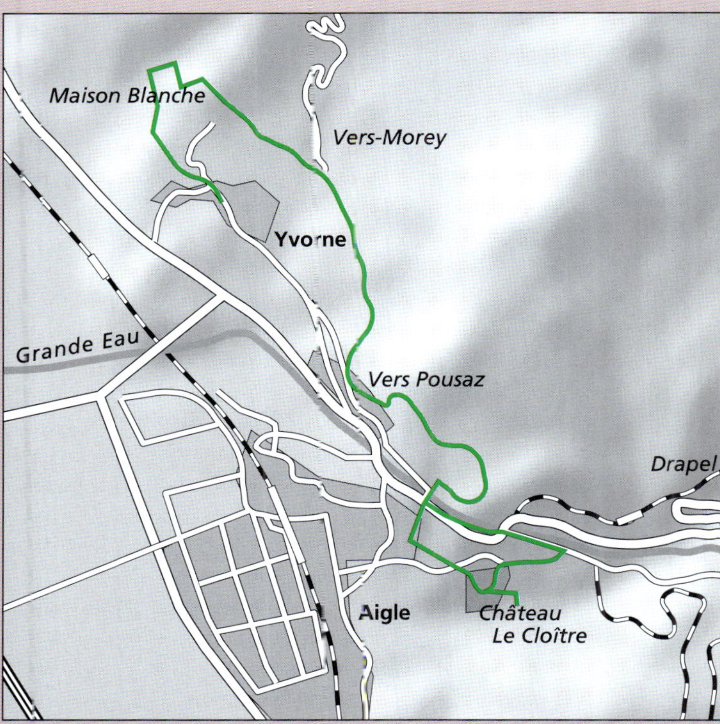

Chablais: Durch Weinberge und Kastanienwälder zu den Salinen von Bex

Warum gerade hier wandern?

- Die Wanderung ist landschaftlich und inhaltlich sehr abwechslungsreich (Wein, Salz, Gips).
- Verschiedene Erweiterungsmöglichkeiten in Richtung Ollon, Aigle im Norden und Lavey im Süden.
- Einen Besuch in den Salzminen sollte man unbedingt einplanen.
- Ein ausgeschilderter Weinwanderweg (Sentier viticole) ist in Vorbereitung und wird voraussichtlich im Verlauf des Jahres 2005 eingerichtet. Einzelne didaktische Tafeln stehen bereits.
- Geologisch sehr interessante Gipsvorkommen.
- Der Weg führt durch einen uralten Kastanienwald.

Das Haar in der Suppe

Keines.

Die Weinlage Partiaz bildet ein spektakuläres Amphitheater.

Wanderzeiten und Schwierigkeit

Die Wanderung ist etwa neun Kilometer lang. Man steigt dabei 160 Meter in die Höhe, besondere Schwierigkeiten stellen sich dabei aber nicht. Etwa 3½ bis 4 Stunden sollte man für die Wanderung allein einplanen. Für den Besuch der Salzminen sind zusätzlich noch 2 Stunden zu veranschlagen. Am besten startet man so früh in Bex, dass man um die Mittagszeit bei den Salzminen ankommt, hält dort Mittagsrast, besucht die Minen und wandert anschliessend nach Bex zurück.

Kinder? Velo?

Für etwas grössere Kinder ist die Wanderung wegen den Salzminen hervorragend geeignet, für kleinere Kinder wegen der Länge vielleicht etwas zu anstrengend. Es besteht allerdings auch die Möglichkeit, von Les Dévens aus mit dem Postauto und von Le Bévieux aus mit der Schmalspurbahn BVB (Bex–Villars–Bretayer) nach Bex zurückzufahren. Für Biker ist die Route nur bedingt zu empfehlen, da einige Abschnitte in den Rebbergen und im Wald über sehr schmale Wege führen.

Das sollte man mitnehmen

Für den Besuch der Minen auch im Hochsommer warme Kleider mitnehmen, denn im Innern des Berges liegt die Temperatur konstant bei 17 °C.

Hin und zurück

Mit der Bahn

Bex besitzt eine SBB-Station und ist mit der Bahn gut erreichbar.

Mit dem Auto

Bex liegt 5 Minuten von der Autobahn entfernt (Ausfahrt Bex).

Die Route

Durch die Weinberge und Kastanienwälder von Bex bis zu den Salzminen

Unsere Wanderung beginnt gegenüber dem Hôtel de Ville an der Rue Centrale, wo wir den gelben Wanderwegweisern aus dem Dorf hinaus folgen. Sobald wir vor uns die Reben sehen, gehen wir einige Schritte nach rechts und biegen dann gleich wieder nach links in einen kleinen Weg ein, der sehr schön und etwas ansteigend zwischen den Weinbergmauern und einer Buschhecke aufwärts führt. Nach einem kurzen noch etwas unwegsamen Wegstück, das aber für den neuen Weinwanderweg zurechtgemacht werden soll, geht es links des Hauses Trient der Rebbergmauer entlang nach oben auf ein kleines Wasserreservoir zu. Dort steht eine Bank, von der aus man eine erste schöne Aussicht auf das Dorf und die Rebberge von Bex geniessen und sich vom anstrengendsten Stück der ganzen Wanderung erholen kann.

Findige Winzer nutzen alle Möglichkeiten.

Blick aus den Weinbergen hinunter auf den Ort Bex.

Bevor wir dem Weg nach links weiter folgen, machen wir noch einen Abstecher etwa 300 Meter nach rechts, um den spektakulärsten Weinberg unserer ganzen Wanderung zu bestaunen. Er heisst Partiaz und liegt wie in einem Amphitheater in die Bergflanke eingebettet. Zurück beim Reservoir setzen wir unsere Wanderung nach Osten durch die Weinberge fort. Sie gehören alle zum grossen zusammenhängenden Weingebiet von Le Montet, der das Städtchen Bex nördlich überragt. Die Lage ist perfekt nach Süden ausgerichtet und zum Teil so steil, dass die Rebberge auf Terrassen angelegt werden mussten. Wenn wir uns den Boden unter den Rebstöcken näher anschauen, erkennen wir den reichen Anteil an Gips. Dieses weiche, weisse Gestein, das den Boden oft wie gesprenkelt aussehen lässt, verleiht den Weinen von Bex und denen des benachbarten Ollon eine ganz spezielle mineralische Note, die sich vor allem in den Chasselasweinen als Feuersteingeschmack bemerkbar macht.

Der Weg steigt nun etwas an und führt uns über die Weinberge hinaus in einen lichten Wald von Edelkastanien. Tatsächlich sind wir in Bex in der südlichsten und damit auch wärmsten Ecke des Kantons Waadt, und wenn wir diese Kastanien sehen, verstehen wir auch unseren einheimischen Gesprächspartner, der mit unverhohlenem Stolz verkündet hat: «Bex, c'est le Tessin du canton de Vaux.» Die Kastanien stehen hier einzeln oder in kleinen Gruppen. Neben jungen, frisch gepflanzten Bäumen erheben sich auch uralte, mächtige Baumriesen, die uns mit fast so etwas wie Ehrfurcht erfüllen. Unter den Bäumen breiten sich Wiesen oder Weiden aus, so dass der Kastanienwald einen lichterfüllten, gepflegten und parkartigen Eindruck vermittelt. Das muss so sein, damit im Herbst die Früchte problemlos eingesammelt werden können.

Sobald sich der Weg von der besonnten Südseite des Montet nach Norden wendet, treten Reben und Kastanien zurück, und wir wandern durch einen schönen schattigen Mischwald. Am Wegrand kann man auf der Bergseite wiederum sehr gut den Gips des Untergrunds erkennen. Nach etwa zehn Minuten zweigt rechts ein Weg nach oben ab. Er führt zu der Gipsgrube auf dem Berg. Sie ist die zweitgrösste der Schweiz und öffnet sich in einem gewaltigen Loch, das an die Diamantenminen Südafrikas erinnert. Hier wird ein sehr reiner und für die Zementfabrikation geeigneter Gips

Ollon
Salzminen
Sala
Le Crêtel
Les Devens
La Forêt
La Châtelle
Le Plantex
Le Montet
Le Monstre
Salines
La Scie
Bex
Soressex
Le Glarey
Perruet
Lavey

Salz, das weisse Gold

Die Geschichte der Gewinnung von Salz in der Umgebung von Bex geht bis ins 15. Jahrhundert zurück. Hirten entdeckten, dass die von ihren Ziegen bevorzugten Quellen leicht salzhaltig waren. Die Schweiz besass damals keine eigenen Salzvorkommen. Salz war daher rar und kostbar. Zuerst gewann man das kostbare Pulver durch Kochen des Wassers über dem Feuer. Seit 1684 sind hier auch Bergmänner an der Arbeit. Sie haben in etwas mehr als drei Jahrhunderten ein spektakuläres, über fünfzig Kilometer langes Labyrinth von Tunneln, Schächten, Galerien, Treppen und Hallen geschaffen. Einen Teil davon kann man besichtigen. Nach einer einführenden Tonbildschau fährt man mit einem kleinen Zug etwa einen Kilometer weit in den Berg hinein und wandert dann zu Fuss unter kundiger mehrsprachiger Führung durch einige Stollen und Schächte, in denen man eine eindrückliche Vorstellung von der gefährlichen und mühevollen Arbeit der Grubenarbeiter erhält. Besichtigungen sind möglich von April bis Oktober. Sie dauern etwa 2 Stunden. Warme Kleider mitnehmen!

Für besonders abenteuerlustige Wanderer werden auch Minentrekkings, «Auf den Spuren der Grubenarbeiter des 17. Jahrhunderts», angeboten. Sie dauern zwischen 3½ und 5½ Stunden. Alle notwendigen Informationen, vor allem auch die Zeiten der Führungen, unter www.mines.ch oder über Telefon +41 (0)24 463 03 30.

abgebaut. Über uns sehen wir die Kabel der Drahtseilbahn, die das Material zur Weiterverarbeitung ins Tal hinunter transportiert. Nach weiteren zehn Minuten erreichen wir die Hauptstrasse, die von Bex hinauf zu den Salzminen führt. Wir gehen auf ihr einige Schritte nach links, wo wir wieder die gelben Wanderwegweiser finden, die uns ans Ufer des über viele Schwellen strömenden Flusses La Gryonne führen. Wir überqueren ihn nicht, sondern folgen ihm am (in Flussrichtung) linken Ufer.

Nach etwa einem Kilometer treffen wir auf die Abzweigung nach Antagnes. Wer seinen Weg weiter nach Ollon oder gar bis Aigle und Yvorne plant, überquert hier auf der Eisenbrücke den Fluss. Wir aber erreichen nach wenigen Minuten die Salzminen. Vorher lassen wir uns noch von dem etwa acht Meter hohen Wasserfall beeindrucken, den man auf der Wehrmauer auch von ganz nahe betrachten kann.

Bei den Minen gibt es gedeckte Picknickplätze und das Restaurant Auberge du Bouillet.

Von den Salzminen über Le Chêne zurück nach Bex

Den Einstieg für den Rückweg findet man gleich beim Parkplatz oberhalb des Restaurants. Ein schmaler Weg mit nur leichtem Gefälle führt uns hoch über dem Tal des Flusses La Gryonne durch den Wald. Die Einheimischen nennen diesen Weg noch heute Le Chemin des Tuyaux, den Weg der Röhren. Hier führten früher die Röhren aus ausgehöhlten Lärchenstämmen durch, in denen die Sole aus den Minen zur Fabrik in Le Bévieux geleitet wurde.

Nach dem Verlassen des Waldes treten wir wieder ins Reich der Reben ein. Auf der anderen Talseite liegen die steilen

Unser Weg führt auch durch einen uralten lichterfüllten Kastanienwald.

Rebhänge von Antagnes, die schon zur Gemeinde Ollon gehören, und vor uns die Weinberge von Le Chêne. Sie liegen steil auf einer Höhe zwischen 400 und 700 Metern um den kleinen Weiler Le Chêne und gehören damit zu den höchsten Weinbergen des Kantons Waadt. Ein eben verlaufender Weg mit weiter Aussicht führt mitten hindurch. Wieder zeigt sich deutlich der reiche Gipsgehalt des Bodens. Wer den Chasselas aus diesen Weinbergen verkostet, meint tatsächlich auch eine leichte Spur von Salz im Abgang zu entdecken. Neben etwa fünfzig Prozent Chasselas wird hier vor allem auch Pinot noir angebaut.
Den gelben Wegweisern in Richtung Bex folgend, geht es aus den Rebbergen ins Tal des Flusses L'Avançon. Bei Le Bévieux treffen wir auf die Fabrikanlagen der Salinen, wo die aus dem Berg gewonnene Sole zu Salz verarbeitet wird. Historische Gebäude stehen hier neben modernen Fabrik- und Lagerhallen. Der ganze Gebäudekomplex erscheint wie ein Querschnitt durch die Fabrikarchitektur der letzten zweihundert Jahre. Dem Fluss entlang erreichen wir schon bald wieder das Dorf. An sei-

Die alten Salinenanlagen von Bévieux.

Seitensprung über den Gipfel des Le Montet

Man kann beim kleinen Wasserreservoir zu Beginn der Wanderung statt nach links flach in die Weinberge hinein auch geradeaus nach oben weitersteigen. Der Weg führt zu einem Eisenpavillon, eines der wenigen Zeugnisse, die heute noch von der vergangenen glanzvollen Epoche erzählen. Von dort aus kann man einen herrlichen Ausblick auf die Weinberge von Le Chêne geniessen. Anschliessend geht es ziemlich steil zur Strasse von Bex zu den Salzminen hinunter. Dort treffen wir auf die oben beschriebene Route, der wir weiter zu den Minen oder durch die Weinberge von Le Montet ins Dorf zurück folgen.

nem Eingang sieht man noch einige alte Villen, die etwas vom erloschenen Glanz aus der Zeit spüren lassen, als Bex mit seinen Solbädern eine elegante internationale Gesellschaft beherbergen durfte.

Dieser schöne Wasserfall der Gryonne ist über acht Meter hoch.

Von Ollon nach Bex

Man kann sämtliche Weinwanderwege im Chablais von Yvorne bis Lavey zusammenhängen. Es ist auch geplant, diesen Weg mit Schildern zu erschliessen. Von Ollon aus findet man den Einsteig nach Bex in der Ortsmitte. Der Weg führt unterhalb der Strasse nach Villars aus dem Dorf hinaus und steigt dann schon bald in die Weinberge hinauf. Der weitere Verlauf ist mit Wegweisern gut ausgeschildert. Er führt über Antagnes ins Tal der Gryonne, wo er auf den oben beschriebenen Weg trifft. Man kann ihn in gemütlichen anderthalb Stunden schaffen.

Von Bex nach Lavey

Den Einstieg in diese Wanderung findet man, wenn man in Bex von der Place du Marché den Geleisen nach Osten folgt. Nach einigen Schritten trifft man auf einen Pfahl mit mehreren gelben Wanderwegweisern. Wir folgen dem Wegweiser nach Lavey. Bald nach dem Dorfausgang treffen wir auf ein grosses unter Naturschutz stehendes Moor. Die Gebäude von La Pelouse beherbergten früher ein berühmtes Mädchenpensionat, in dem auch Indira Gandhi zur Schule ging. Kurz danach laden uns die Weinberge von Lavey zu einer schönen Rundwanderung ein. Diese Wanderung ist besonders interessant, weil sie an der grossen Befestigungsanlage des Generals Dufour (Besichtigung etwa 1 Stunde) und an Gletschermühlen vorbeiführt. Didaktische Tafeln erschliessen diese Sehenswürdigkeiten. Anschliessend kann man entweder in St-Maurice in den Zug steigen oder bis nach Lavey-les-Bains weiterwandern.

Die Einfahrt in das weit verzweigte Stollensystem der Salzminen.

Treppe im bröckeligen Gips von Le Montet.

Die Extras

Weindegustationen

- Société Vinicole de Bex, Chemin Pré de la Cible 4, Telefon +41 (0)24 463 25 25. Diese Genossenschaft wurde 1880 gegründet und ist damit eine der ältesten des Kantons, sie umfasst mehr als hundert Mitglieder. Der Degustationskeller ist täglich von 7.30 bis 12 Uhr und von 13.30 bis 17.30 Uhr geöffnet.
- Le Caveau des Vignerons d'Ollon ist während den Schulferien (Juli, August) jeden Freitag, Samstag und Sonntag von 19 bis 21 Uhr geöffnet. Anfragen unter Telefon +41 (0)24 499 25 50, www.vins-ollon.ch.

Restaurants

- Bei den Salzminen: Auberge du Bouillet, Telefon +41 (0)24 463 27 72, Ruhetag Montag. Einfache Küche, herzliche Atmosphäre, grosse Terrasse.
- Bex: Hôtel de Ville, Rue Centrale, Telefon +41 (0)24 463 20 82. Gute, gepflegte Küche.
- Bex: Le Cèdre, Avenue de la Gare, Telefon +41 (0)24 463 01 11. Gute, etwas gehobene Küche.

Saillon: Dem Falschmünzer Farinet auf der Spur

Warum gerade hier wandern?

- «Le Bourg» von Saillon aus dem Jahr 1000 ist eines der besterhaltenen mittelalterlichen Dorfbilder der Schweiz.
- Sentier des Vitraux mit 21 grossen Glasfenstern zum Falschmünzer Farinet, Falschmünzermuseum.
- Der weltweit kleinste Rebberg (Vigne à Farinet) mit drei Rebstöcken, wo Stars aus Film und Sport ehrenamtlich mitarbeiten.
- Verlängerung bis zur Passerelle à Farinet, einer schwindelerregenden Hängebrücke über die Salentzeschlucht.
- Caverne des Géants unterhalb der Hängebrücke, die den Maler Gustave Courbet zum gleichnamigen Bild inspirierte.
- Besuch der Thermalquellen von Ovronnaz oder von Saillon.

Das Haar in der Suppe

Rund um den Falschmünzer Farinet wird ein Kult wie um einen Heiligen betrieben, mit Votivtafeln, mit Prominenten, die sich im kleinsten Rebberg der Welt ablichten lassen, mit Schiessritualen. Das alles muss man aber nicht mit-

Zwischen Felsen und Farinet-Glasfenster erstrecken sich die Rebberge von Saillon.

machen, sondern kann sich auch nur an den schönen Glasfenstern und der wundervollen Aussicht freuen.

Wanderzeiten und Schwierigkeit

Der Sentier des Vitraux beginnt bei der Place Farinet mit dem Denkmal des Falschmünzers an der Hauptstrasse am Fuss der mittelalterlichen Burg. Er führt durch den alten Dorfkern hinauf zum winzigen Farinet-Rebberg. Aufstieg knapp 1 Stunde, Rückweg rund 40 Minuten.

Vor dem Farinet-Rebberg (beim Glasfenster «Le Destin») zweigt der Wanderweg ab in Richtung Salentzeschlucht und Passerelle à Farinet (Hängebrücke). Aussicht in die 136 Meter tiefe Schlucht und über die Rhone-Ebene. Eine Friedenstaube des Künstlers Hans Erni bewacht den Steg. Rundwanderung ab Saillon zur Passerelle und zurück durch das Dorf Produit 3 Stunden. Oder weiterwandern bis zu den Thermalquellen von Ovronnaz (ebenfalls 3 Stunden).

Kinder? Velo?

Der Bummel von Glasfenster zu Glasfenster gefällt auch Kindern und regt die Fantasie rund um das Leben des Falschmünzers an. Leichter, gefahrloser Aufstieg.

Die Wanderung zur Passerelle à Farinet ist etwas anstrengender, die Überquerung der Hängebrücke 136 Meter über der Salentzeschlucht wird nur Schwindelfreien empfohlen.

Nicht geeignet für Radfahrer. Das Velo auf der Place Farinet abstellen.

Das sollte man mitnehmen

Das Badezeug, falls man sich nach der Wanderung in den Thermalquellen entspannen möchte. Einen Fotoapparat für ein «Heldenbild», falls man die Überquerung der 97 Meter langen Hängebrücke wagt. Und genügend Zeit für einen Bummel durch den mittelalterlichen Dorfkern.

Ruinen der einstigen Burg – und heutige «Heldenverehrung» für Falschmünzer Farinet.

Hin und zurück

Mit Bahn und Bus

Saillon liegt zwischen Martigny und Sion im Rhonetal. Gute Verbindungen via Lausanne oder Brig nach Martigny. Stündlich fährt ein Bus ab Bahnhof Martigny oder ab Post Sion. Fahrpläne www.sbb.ch.

Mit dem Auto

Autobahn ab Montreux über Martigny bis Ausfahrt Saxon. Parkplätze bei den Thermalquellen oder bei der Place Farinet.

Der Mythos rund um Farinet

Joseph-Samuel Farinet, der als Falschmünzer Farinet in die Geschichte einging, stammte aus dem italienischen Aostatal. Er starb mit 35 Jahren am 17. April 1880 in der Salentzeschlucht oberhalb von Saillon. Ob durch Unfall oder unter den Gewehrschüssen der Gendarmen, die ihn auf Geheiss der Gerichte zur Strecke bringen sollten, bleibt im Dunkel der Sage. Zehn Jahre lang war er auf der Flucht gewesen, immer wieder brach er aus dem Gefängnis aus. Verurteilt war er worden, weil er aus selbst geschürftem Gold Falschgeld in Form von 20-Rappen-Münzen (damaliger Wert rund fünf Franken) produziert und unter die Armen verteilt hatte, eine Art Robin Hood der Alpen. Beerdigt wurde er in einem Gemeinschaftsgrab bei der Kirche von Saillon.

Richtig berühmt wurde Farinet erst nach seinem Tod, der die Dichter, Musiker und Filmemacher beflügelte. Charles-Ferdinand Ramuz schrieb 1932 einen Roman, Honegger, Ferré, Renaud und Béjart schufen Werke zu seinen Ehren. Den Durchbruch brachte 1938 der Film «L'or dans la Montagne» von Max Haufler mit dem 28-jährigen Jean-Louis Barrault in der Hauptrolle. Die Figur liess Barrault nicht mehr los; mit Freunden gründete er im Jahr 1980 «la Bande à Farinet», eine Vereinigung, die bewusst auf Statuten, Beiträge, Präsident und Protokoll verzichtete und sich wie ihr Vorbild ausserhalb des Rechts bewegen wollte. 1980, zum hundertsten Todestag Farinets, pflanzten sie unter Barraults Mitwirkung oberhalb des Dorfes Saillon «La Vigne de la Paix», den Rebberg des Friedens mit drei Rebstöcken; es ist der kleinste im Schweizer Rebkataster eingetragene Rebberg. Er gehörte zuerst Barrault, dann Abbé Pierre und schliesslich – bis heute – dem Dalai Lama. Jedes Jahr «arbeiten» Prominente im Rebberg mit: Der Fussballstar Zinédine Zidane, die Schauspielerin Claudia Cardinale, der Autorennfahrer Michael Schumacher, die Astrologin Elisabeth Teissier. Sie alle hinterliessen Andenken, die sich – neben Dankesinschriften «gewöhnlicher» Leute – in einer Allee aneinander reihen. Die Ernte der drei Rebstöcke wird jährlich mit Trauben aus der Region gemischt und zu 1000 nummerierten Flaschen Wein verarbeitet. Der Erlös aus ihrem Verkauf, rund 20 000 Schweizer Franken, wird von den «Amis de Farinet» karitativen Werken zugeführt. Die «Bande» liess auch die Glasfenster anfertigen, die den Weg von der Ebene hinauf zum kleinen Rebberg begleiten.

■ Die Route

Start bei der Place Farinet

Am Fuss des alten Dorfkerns von Saillon, an der Avenue des Comtes de Savoie, liegt ein grosser Platz mit einer Statue des Falschmünzers Farinet, der auf einem Felsbrocken aus Derborence steht. Von hier aus ist der Sentier des Vitraux signalisiert. Insgesamt 21 kreisrunde modern gestaltete Glasfenster, von Theo Imboden aus skulptiertem Glas geschaffen, stehen entlang dem Weg frei in der Landschaft und zeigen Szenen aus Farinets Leben. Den Falschmünzer erkennt man an seinem spitzförmigen Hut, wie ihn früher die Männer im Aostatal trugen. Über eine Treppe und einen kleinen Weg steigt man in Richtung des mittelalterlichen Dorfkerns. «Die Kindheit», «Die Liebe», «Der Geldmacher», «Der Gefangene», «Die Stille» heissen einige der Fenster, die alle durch Spenden von Firmen ermöglicht wurden.

Das Dorfzentrum erreicht man durch einen Torbogen. Das daran angebaute Haus war das erste Gasthaus von Saillon. Nach der Legende beobachtete Farinet aus dem Fenster mit dem besten Überblick die anrückenden Gendarmen und entwischte dann, kaum waren sie im Haus, hinten hinaus durch ein Fenster. Der Weg führt nun durchs Dorf, vorbei am Caveau, wo am Wochenende die Weine der regionalen Produzenten ausgeschenkt werden, und vorbei an einem schönen Kastaniengarten, der zum Café de la Poste gehört. Durch die Weinberge aufsteigend geniesst man den Blick auf die weiten Rebhänge, auf die imposanten Felswände dahinter und auf die Ruine des 1475 abgebrannten Bayart-Turms auf dem Hügel gegenüber, dem von weither sichtbaren Wahrzeichen von Saillon.

Zum Rebberg des Friedens

Begleitet von den Fenstern zu den Themen «L'Adieu», «La Contemplation» und «Le Destin» erreicht man die Tafel des Todes: Vier Winzer tragen den Sarg Farinets. Am Ende eines Hohlwegs, dessen «Mauer der Erinnerung» gesäumt ist von Dankestafeln und Erinnerungsbildern früherer – auch prominenter – Besucherinnen und Besucher, steht das wohl eindrücklichste der Fenster, «Die Unsterblichkeit». Da es vorn am Abhang des Hügels platziert ist, scheint das Licht ungehindert hindurch und lässt das Bild von weitem leuchten. In schöner Nachbarschaft zu dieser «Unsterblichkeit» stehen die drei Rebstöcke, die den winzig kleinen Rebberg des Friedens des Dalai Lama bilden. Und in einer Art Steingarten entdeckt man Bruchstücke, die von verschiedenen mythischen Stätten der Welt hierher geschleppt wurden: von der Akropolis, der Berliner Mauer und der Cheopspyramide bis zum Machu Picchu und Ayer's Rock.

Dahinter liegt eine kleine Idylle: eine Arena, ein Brunnen, ein Chalet. «Privé» warnt ein Schild. Das Land gehört der Vereinigung der Freunde von Farinet – doch nach der Vereinslosung, rebellisch und nicht obrigkeitsgläubig zu sein, dürfte es eigentlich jedermann betreten. Auf Anmeldung wird für Gruppen hier eine Schau inszeniert: Jemand aus der Gruppe darf sich mit Hut, Jacke und Halstuch als Farinet verkleiden und

Mitten im Dorf Saillon lädt der Caveau zur Rast.

«Pour Farinet» haben heutige Prominente eine Rebe gepflanzt.

Das schönste der Fenster ist «Die Unsterblichkeit». Und der schönste Wirtsgarten jener des «Poste».

einen Schuss aus (s)einem Gewehr abgeben – und danach den obligaten Obolus spenden. Damit kann man sich, so die Freunde Farinets, unter berühmte Vorgänger einreihen: Auch Jean-Louis Barrault und Claudia Cardinale sollen schon dieselben Kleider getragen haben.

Die Extras

Weindegustationen

■ Caveau von Saillon, Place du Bourg, Telefon +41 (0)27 744 28 50, www.saillon-vins.ch. Geöffnet Donnerstag und Freitag 17 bis 20.30 Uhr, Samstag und Sonntag 11 bis 20.30 Uhr. Serviert werden die Weine der lokalen Produzenten sowie Trockenfleisch und Käse.

■ Die Winzer von Saillon empfangen auf Voranmeldung gerne Gäste. Ein Verzeichnis ihrer Weine und Adressen samt Situationsplan findet sich auf www.saillon-vins.ch oder sind bei der Touristeninformation zu beziehen.

Museum

Das Musée Farinet im Dorfkern des alten Saillon, Rue du Bourg, Telefon +41 (0)27 744 40 03, zeigt die Herstellung von Geldscheinen, Münzen und von Fälschungen, ausserdem Szenen aus dem Leben des Falschmünzers. Geöffnet Mittwoch bis Sonntag 14 bis 17 Uhr, Gruppen auch ausserhalb dieser Zeit.

Restaurants in Saillon

■ Café-Restaurant de la Poste, Telefon +41 (0)27 744 15 98, täglich geöffnet. Schöne Gartenwirtschaft im Schatten alter Bäume, gemütliches, urchiges Lokal mit regionalen Gerichten. Einige einfache Zimmer (Telefon Hotel +41 (0)27 744 18 91).

■ Restaurant du Vieux-Bourg, Telefon +41 (0)27 744 18 98, Ruhetag Montag und Dienstag. Eine wahre Hochburg für Käsefreunde mit 20 Sorten Walliser Bergkäse und Tomme.

■ Hôtel-Restaurant Des Bains de Saillon, Telefon +41 (0)27 743 11 12, www.bainsdesaillon.ch, täglich geöffnet. Viersternhotel beim Thermalbad.

■ Camping de la Sarvaz, Route de Fully, Saillon, Telefon +41 (0)277 44 13 89, www.sarvaz.ch. Campingplatz mit Chalets zum Mieten, Restaurant, Kinderspielplatz.

Besonderes

■ Saillon nennt sich «la cité de l'asperge», die Stadt des Spargels. In der

Rhone-Ebene unterhalb des mittelalterlichen Dorfkerns liegen grosse Spargelfelder. Zur Haupterntezeit von April bis Anfang Mai bieten die Produzenten und die örtlichen Restaurants Rundgänge und spezielle Spargelmenüs mit passenden Weinen an. Informationen beim Office du tourisme.

■ In der Nähe der Salentzeschlucht entspringt das thermale Mineralwasser, das die Thermalbäder von Saillon und Ovronnaz speist. Les Bains de Saillon, Route du Centre thermal, 1913 Saillon, Telefon +41 (0)27 743 11 70, www. bainsdesaillon.ch, geöffnet täglich von 8 bis 21 Uhr. Vier Thermalbassins, Sauna- und Gesundheitszentrum, Hotel.

■ Die Poterie von Vérène Hirt am Ortsrand von Saillon lohnt einen Besuch (Telefon +41 (0)27 744 25 87, www. verenehirt.ch). Die Deutschweizer Töpferin formt fantasievolle Schüsseln, Figuren und Blumenkisten. Man kann ihr bei der Arbeit zusehen.

■ Alle vier Jahre finden die mehrtägigen Fêtes Médiévales de Saillon statt mit über tausend Sängern und Artisten in historischen Kostümen, nächstes Mal Ende August 2007.

Detaillierte Informationen zu Unterkunft und Veranstaltungen beim Office du tourisme, Route du centre thermal, Saillon, Telefon +41 (0)27 743 11 83, www. saillon.ch.

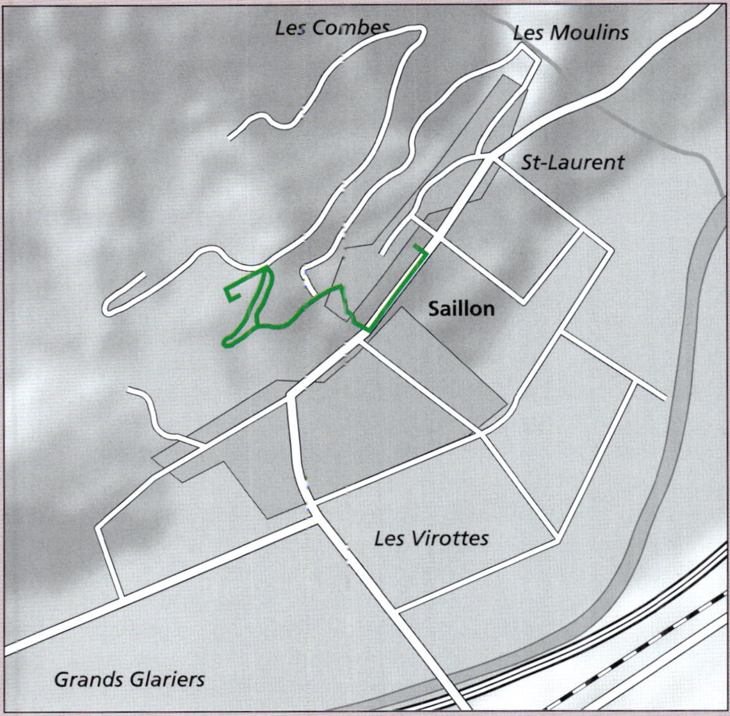

Chamoson: Bühne frei für die Rebe

Warum gerade hier wandern?

- Das mit 430 Hektar grösste Weinanbaugebiet des Wallis, die Heimat des Johannisberg.
- Wanderung auch im Winter möglich (eventuell mit Abkürzungen).
- Guter Caveau mit umfangreicher Weinkarte.
- Eindrückliche Bergwelt mit den schroffen Felsen des Haut-de-Cry, die eine Art natürliche Arena bilden.
- Neuer Rebenweg mit vierzehn Infotafeln (teilweise auch in Deutsch), Einblick in die Sortenvielfalt des Walliser Weins.
- Auch möglich als Zusatzschlaufe auf dem grossen Rebenweg Martigny–Leuk.
- Bummel durch St-Pierre-de-Clages, bekannt als «Village suisse du livre».

Das Haar in der Suppe

Es war keins zu finden.

Wanderzeiten und Schwierigkeit

- Der Lehrpfad «Du Cep à la Cime» (Vom Rebstock bis zum Gipfel) beginnt

Das Massiv des Haut-de-Cry umfängt die Rebberge von Chamoson.

beim Bahnhof Chamoson, führt durch St-Pierre-de-Clages und zum Fuss der Felsen des Haut-de-Cry, steigt dann zum Dorfteil Grugnay an und von dort durch den «Weg der Verliebten» wieder hinunter nach Chamoson, um mit dem «Weg der Rebsorten» in St-Pierre-de-Clages zu enden. Dauer rund 3½ Stunden, ohne Grugnay-Schlaufe rund 2 Stunden. Höhenunterschied 360 Meter.

■ Chamoson liegt am neuen Valrando-Weg Martigny–Leuk (siehe Wanderungen Seite 124 bis 145). Die lohnende Wanderung in die Weinarena von Chamoson und der Bummel durch St-Pierre-de-Clages lassen sich als Zusatztag auf dieser Route einplanen.

Kinder? Velo?

■ Gut geeignet für Kinder, die an Natur, Geologie, Fauna und Flora interessiert sind. Als Höhepunkt ein Besuch im Höhlenforschungsmuseum (auf halbem Weg, in Grugnay).

■ Der Weg eignet sich nicht für Fahrräder, er muss zu Fuss erwandert werden.

Das sollte man mitnehmen

Wasser oder sonstige Tranksame für unterwegs – die Walliser Sonne kann heiss brennen. Picknick, falls man nicht einkehren möchte oder kann. Und fürs Museum Jacke oder Pullover.

Hin und zurück

Mit der Bahn

Chamoson ist mit guten Bahnverbindungen ab Martigny oder Sion erreichbar.

Mit dem Auto

Autobahn Lausanne–Sion bis Ausfahrt Riddes, dann Wegweiser nach Chamoson folgen. Grosser Parkplatz am Beginn des Rebenwegs in St-Pierre-de-Clages.

Steil, steiler, am steilsten!
Walliser Winzer müssen sportlich sein.

Ein Wort zum Weingebiet

Chamoson liegt in einem weiten, der Sonne zugewandten Kessel. Die hohen Berge bilden eine fantastische Kulisse und schützen die Reben vor heftigen Winden und Stürmen. Die Landschaft zieht sich vom Ufer der Rhone über den grössten zusammenhängenden Rebberg des Kantons Wallis hinauf bis zu den Wäldern und Alpweiden. Die höchsten Gipfel sind mit bis zu 3200 Metern jene des Grand Muveran, der Dent de Chamosentze und des Haut-de-Cry.
Die Rebberge bedecken über 430 Hektar Boden und gehören rund 1200 verschiedenen Besitzern. Mehr als hundert Kellereien produzieren ihren eigenen Wein, Paul-Maurice Burrin (Bild) zieht in seiner Rebschule auch alte Sorten. Die eigentliche Spezialität von Chamoson ist der Johannisberg aus der weissen Traubensorte Rhin oder Sylvaner (15 Prozent), die auf den trockenen Kalk- und Schieferböden besonders gut gedeiht.
24 Prozent sind Chasselastrauben, aus denen Fendant gekeltert wird. Die roten Sorten sind zur Hauptsache Gamay (25 Prozent) und Pinot noir (22 Prozent); die Mariage dieser beiden Sorten ergibt den Walliser Dôle. Den beträchtlichen Anteil von 14 Prozent teilen sich die weissen Sorten Arvine, Ermitage, Muscat, Pinot blanc und Chardonnay, die roten Humagne, Cornalin und Syrah. Aus Chamoson kommen einige der besten Walliser Weine.

■ Die Route

Vom Bahnhof zum Fuss des Haut-de-Cry

Wer mit der Bahn anreist, wandert zunächst eine Viertelstunde von Chamoson nach St-Pierre-de-Clages, Autofahrer stellen ihr Gefährt gleich bei der ersten grossen Infotafel des Rebwegs rechterhand des Dorfkerns auf dem Parkplatz ab.
Der Rundgang führt zuerst nach rechts der Strasse entlang bis an den Fuss der «Falaises» des Bergmassivs Haut-de-Cry – eine faszinierende, unendlich hoch scheinende Felswand, an deren Fuss sich die Rebberge schmiegen, um auf kleinen Terrassen möglichst viel Sonne zu erhaschen. Für eine erste Rast empfiehlt sich der Picknickplatz im Schatten des Felsens, wo man die Tafel mit den Legenden und Geschichten der Gegend studieren kann.

Auf dem Chemin du Vignoble nach Chamoson

Nun mündet der Weg in den Chemin du Vignoble, der Teil des Weitwanderwegs in Richtung Ardon ist. Auf Naturwegen wandelt man durch die Rebpflanzungen. Links wächst Humagne rouge, rechts Pinot gris und Petite Arvine. Die höheren Lagen gehören meistens dem Johannisberg, der möglichst viel Sonne bekommen soll. Alte Stöcke von über 45 Jahren wechseln sich mit Neupflanzungen ab: Der früh reifende Fendant wird des öfteren durch die gefragteren Spezialitäten wie etwa Petite Arvine ersetzt, deren Beeren zwar nur halb so gross werden, dafür aber umso gehaltvoller sind. Der nächste Rastplatz bietet neben Bänken und Picknicktischen auch Informationen über das Gestein der Gegend, in dem sich bei genauem Hinsehen sogar Gold- und Eiseneinschlüsse entdecken

lassen oder Spuren von Chamosite, dem Gestein des Haut-de-Cry.
Nach dem Rastplatz biegt der Weg nach links ab. Wer nur die kleine Variante wandern und sich die Schleife über Grugnay sparen möchte, geht geradeaus weiter in Richtung des Dorfkerns von Chamoson, um dort wieder auf den beschilderten Weg zu stossen.

Zusatzschleife über Grugnay

Die längere Variante lohnt sich jedoch. Bald rückt die beste Reblage von Chamoson ins Blickfeld, ein Hügel namens Les Lumeires. Er ist aufgeteilt in winzige Parzellen, denn fast hundert Besitzer wollen vom guten Ruf dieser Lage profitieren. Der Weg führt über Rebmauern bergan. Chemin de Jeanbasse nennen die Einheimischen diesen Abschnitt, nach dem Mann, der die Steine sammelte und daraus die Trockenmauern errichtete. Von hier aus geniesst man einen schönen Blick in das Rund der Rebberge und entdeckt dabei rote, weisse und gelbe Schilder. Sie dienen als «Wegweiser» für die Helikopter, die höchstens fünfmal jährlich die Rebberge mit Mitteln zur Schädlingsbekämpfung besprühen dürfen.
Nun geht es ein kurzes Stück durch den Wald, vorbei an alten Eichen und Lärchen und an Grenzsteinen mit geheimnisvollen eingemeisselten Zeichen – dieser Abschnitt des Wanderwegs hat übrigens auch im Winter durchaus seinen Reiz. Rehe, Gemsen und ab und zu sogar

Chamoson ist mit 430 Hektar die grösste Walliser Rebgemeinde.

Welche Traubensorten wachsen hier?

Steinmauern säumen den Wanderweg.

Steinböcke sollen auf der Futtersuche bis hier heruntersteigen, erzählen die Einheimischen. In diesen mit 650 Meter ü. M. höchstgelegenen Rebbergen von Chamoson wachsen vor allem die früh reifenden Sorten Gamay, Pinot noir, Muscat und Chardonnay.

«Les Lumeires» gilt als die beste Reblage.

Im Weiler Grugnay verführen ein Gasthaus und das Musée de spéléologie (Höhlenkunde) zu längerem Verweilen. Wer weiter will, kann sich auf eines der schönsten Wegstücke freuen: Der Sentier des Amoureux entlang der alten Wasserleitung der Bisse du Poteu und entlang dem Flüsschen Losentze entzückt mit seinen romantischen Bänken nicht nur Verliebte, sondern will mit einem Vita-Parcours auch Sportliche animieren. Durch den Weiler Châtelat geht es ein kleines Stück auf Asphalt, dann wechselt man wieder zurück zur Natur, überquert auf einer Hängebrücke das Flüsschen und bummelt durch das Dorf Chamoson, wo man, sofern der Caveau schon geöffnet ist, sich bei einem Gläschen Wein stärken und auf das folgende Wegstück, den «Sentier des Cépages», einstimmen kann. Informationstafeln stellen hier die Rebsorten von Chamoson vor und listen die Namen der Kellereien auf. Der Weg mündet schliesslich im Dorfkern von St-Pierre-de-Clages. Und damit schliesst sich der Kreis des

Rundwegs, der dank der Zusammenarbeit der Winzer und Rebschulisten, der Tourismusbüros und von Valrando (Walliser Wanderwege) entstanden ist.

Die Extras

Weindegustationen

■ Auf der Karte des Caveau de Chamoson, Rue St-André 14, 1955 Chamoson, Telefon +41 (0)27 306 56 70, www.chamoson.ch/caveau, stehen die besten Weine von 39 Winzern aus Chamoson und St-Pierre-de-Clages – eine Fülle, die den Reichtum der Weingegend widerspiegelt. Es war der erste Caveau des Wallis. Schönes rustikales Interieur. Geöffnet täglich ab 17 Uhr, Samstag und Sonntag zusätzlich 10.30 bis 13.30 Uhr, Montag geschlossen.

■ Über einen attraktiven Saal für Versammlungen, Seminare, Feiern, der bis zu 45 Personen Platz bietet, verfügt La Tourmente, 1955 Chamoson, Telefon +41 (0)27 306 59 61 und 306 18 32, www.tourmente-cave.ch. Technische Einrichtungen vorhanden, auf Wunsch mit Weindegustation und Rebbergführung.

Museum

Im Ortsteil Grugnay oberhalb von Chamoson findet sich das Schweizerische Museum für Höhlenkunde (Musée suisse de spéléologie) zu Entdeckungen im Innern der Erde und mit Informationen zur Höhlenforschung und Geologie. Geöffnet Dienstag bis Sonntag 9 bis 12 und 14 bis 17.30 Uhr, Telefon +41 (0)27 306 35 81, www.chamoson.ch/speleo.

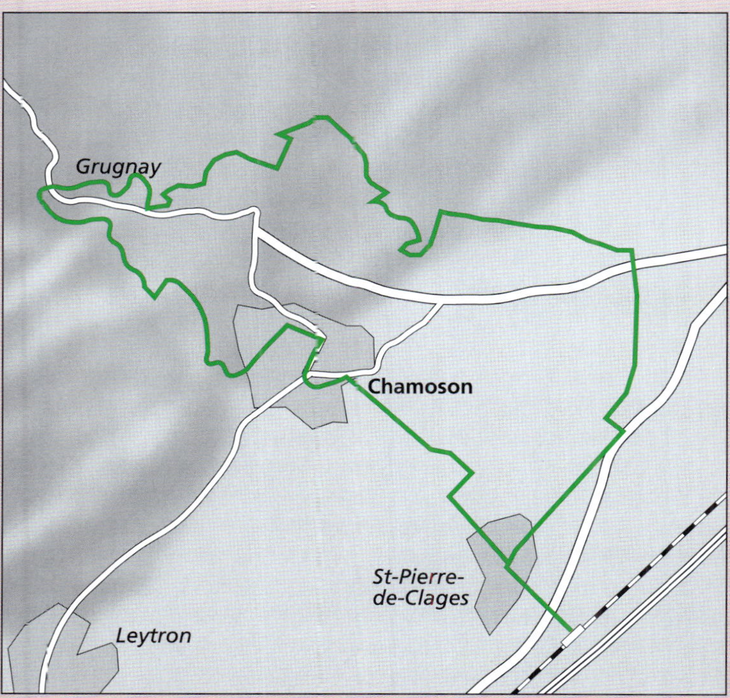

Seitensprung in alte Zeiten

Die Gegend von Chamoson war zu Zeiten der Römer eine der bevorzugtesten Wohngegenden. Der zwischen Octodurum (Martigny) und Sedunum (Sion) gelegene Campus Amasorium war ideal besonnt und zugleich dank dem Wasser der Osencia (Losentze) schön kühl und galt, ähnlich wie einst Pompeji, als begehrte Sommerfrische der Reichen. Der Wein aus Chamoson war bei den römischen Gourmets sehr beliebt: Der kräftige Vinum humanum (Humagne), der feine Malvisia (Malvoisie oder Pinot gris) und der süsse Vinum Amoenum (Amigne) mussten zu den Banketten Cäsars regelmässig nach Rom geliefert werden. Über tausend Jahre später, im Jahr 1289, machte ein grosser Bergsturz der Herrlichkeit ein Ende. Riesige Felsbrocken begruben das Gelände mit den Villen unter sich. Noch heute fallen die grossen Steine auf.

Und noch mehr Geschichte: Im Jahr 1928 entdeckte ein Monsieur Camille Pommaz in seinem Feld ein altes Hausgerät, das mit Kalk gefüllt war. Zuerst meinte man ein Goldgefäss gefunden zu haben. Untersuchungen ergaben, dass es sich um einen Helm aus Kupfer und Email handelte, der aus der Zeit der Burgunder stammte. Dieser germanische Volksstamm lebte im 5. Jahrhundert am Rhein und wurde nach einer verlorenen Schlacht an die Ufer der Rhone vertrieben, wo sie ab dem Jahr 443 wohnten. Der Helm aus Chamoson ist heute im Landesmuseum in Zürich ausgestellt – dorthin hatte ihn Monsieur Pommaz für 8000 Schweizer Franken verkauft, nachdem er eine erste Offerte von 800 Franken standhaft ausgeschlagen hatte.

Restaurants und Hotels

- Chamoson: Auberge-Restaurant Le Soleil, Telefon +41 (0)27 306 25 71, Ruhetag Montag und Dienstag. Im Parterre eine Brasserie und eine Weinbar, im ersten Stock ein Gourmetlokal, dazu einige einfache, aber komfortable Zimmer. In der kurzen Zeit seit der Eröffnung haben sich Gérald und Manuela Michellod weit über Chamoson hinaus einen sehr guten Namen geschaffen, hervorragendes Preis-Leistungs-Verhältnis.
- St-Pierre-de-Clages: Café-Restaurant de la Croix-Blanche, Chez Marinette, Telefon +41 (0)27 306 42 62. Hübsche alte Beiz im Dorfzentrum mit einigen Tischen draussen.
- Ardon: Buffet de la Gare, «Buffet & Buffet», Telefon +41 (0)79 692 22 94, wechselnde Öffnungszeiten. Indische Küche, Schwerpunkt auf Weinen von Walliser Winzerinnen.
- Grugnay bei Chamoson: Café-Restaurant du Lion d'Or, Telefon +41 (0)27 306 22 96. Ruhetag Sonntag ganzer

Der Caveau bietet die besten Weine von 39 Winzern aus Chamoson.

Tag und Montagabend. Einfaches, gemütliches Bistro in einem Weiler oberhalb von Chamoson (am Wanderweg). Walliser Spezialitäten, Terrasse, einige einfache und preiswerte Gästezimmer.

Besonderes

- Zum beschriebenen Rebenweg gibt es eine Broschüre, gratis erhältlich beim Office de Tourisme oder in den Buchhandlungen und Kiosken der Gemeinde. Weitere Informationen: Chamoson Tourisme, Le Réctorat, 1955 St-Pierre-de-Clages, Telefon +41 (0)27 306 55 33, info@chamoson.ch, www.chamoson.ch.
- St-Pierre-de-Clages nennt sich «le village du livre». Acht Buchantiquariate. Mitte Mai findet jeweils das Fest «Wein, Gastronomie und Literatur» mit Weindegustationen auf dem Dorfplatz statt. Ein Wochenende im Juni, «Tag und Nacht der Bücher» mit Bücherständen, Musik und Lesungen bis Mitternacht. Die grössten Veranstaltungen sind «La Fête du Livre» mit bis zu 15 000 Besuchern immer am letzten August-Wochenende und der Weihnachtsmarkt am ersten Dezemberwochenende. Informationen: Telefon +41 (0)27 306 61 13, www.village-du-livre.ch.
- In St-Pierre-de-Clages steht eine der ältesten Kirchen der Schweiz, erbaut im 11. Jahrhundert von den Benediktinermönchen der Abtei St-Martin d'Ainay de Lyon. Der Kirchenfussboden liegt einige Stufen unter dem Strassenniveau. Die Kirche von Chamoson prunkt mit eindrücklichen, vom Künstler Edmond Bille gestalteten Glasfenstern.
- Bed and Breakfast, Cosette und Roby Crittin, Route de l'Eglise 9, St-Pierre-de-Clages, Telefon +41 (0)27 306 37 51, (0)79 315 24 17. Gästezimmer mit Frühstück, ideal für Wanderer und Kurzbesucher.

Kein Wunder, dass bereits die Römer die hervorragend geschützte Lage dieser Rebberge erkannten.

Von Martigny bis Vétroz: Im Land von Arvine, Johannisberg und Amigne

Warum gerade hier wandern?

- Eindrückliche Wanderung nahe des Naturschutzgebiets Les Follatères mit vielfältigster Flora und Fauna und durch die berühmten Kastanienwälder von Fully.
- Von Petite Arvine zu Amigne, vom Grand Cru de Fully zum Grand Cru de Vétroz: die Heimat der grössten autochthonen Walliser Weine.
- Die erste Etappe des neuen, sechzig Kilometer langen, gut ausgeschilderten Chemin du Vignoble durchs Rhonetal.
- Schönste Ausblicke auf steile Berge, das Rhonetal und die Burg von Saillon.
- Eine sonnenverwöhnte Region, kaum Nebel, wenig Regen, milde Temperaturen bis in den Spätherbst.

Das Haar in der Suppe

Die Qual der Wahl aus einzigartigen Wanderwegen: Allein schon in Fully könnte man noch den Kastanienweg, den Wein- und Burgenweg, den Muveran und vor allem das berühmte Naturreservat Follatères (5 Stunden) erwandern, in Chamoson den neuen Rebenweg und in Ardon die Derborenceschlucht. Glücklich, wer genügend Zeit hat!

Hoch über der Rhone durch das Naturschutzgebiet Les Follatères.

Wanderzeiten und Schwierigkeit

Die beschriebene Etappe ist lang, sie erfordert rund 7 Stunden Wanderzeit und gründet auf der Idee, den sechzig Kilometer langen Weg in 3 Tagen zu begehen. Das ist ein anspruchsvolles Programm. Wer es lieber gemütlicher nimmt, wandert nur bis Saillon (3 Stunden) oder übernachtet in Chamoson (5 Stunden).

Das allerschönste Stück durch das Naturschutzgebiet Les Follatères sollte man keinesfalls auslassen. Vom Pont de Branson bis Fully-La Fontaine sind es gut 1½ Stunden reine Wanderzeit.

Zwischen Martigny und Sion fährt sowohl ein Postauto wie auch die Bahn. Das erlaubt eine individuelle Gestaltung der Etappen: Wer genug hat, sucht sich die nächste Haltestelle und steigt von Schusters Rappen auf den öffentlichen Verkehr um.

Zwar teilweise steinige und steile, aber gut unterhaltene und ungefährliche Bergwege. Gutes Schuhwerk, Hut und eventuell Wanderstock sind zu empfehlen.

Kinder? Velo?

Die vielen seltenen Pflanzen, die Aussicht, der abwechslungsreiche Weg vermögen grössere, marschtüchtige Kinder zu begeistern. Je nach Länge der gewählten Etappe müssen sie jedoch eine gewisse Ausdauer mitbringen.

Der beschriebene Weg ist nicht geeignet für Radfahrer. In Planung befindet sich ein spezieller Radweg weiter unten im Tal. Informationen bei Valrando, Sion, Telefon +41 (0)27 327 35 80, www.valrando.ch.

Das sollte man mitnehmen

Unbedingt genügend Wasser und Proviant mitnehmen, die Walliser Sonne kann heiss brennen, und die Einkehrmöglichkeiten unterwegs sind rar.

Bei Fully wachsen die Grand Crus in den Himmel.

Hin und zurück

Mit Bahn und Bus

Mit dem Zug via Bern–Lötschbergtunnel–Brig oder via Lausanne nach Martigny. Von Martigny Postauto nach Branson/Pont du Rhône zum Ausgangspunkt der Wanderung oder Fussmarsch von rund zwei Kilometern.

Mit dem Auto

Autobahn via Montreux nach Martigny (Ausfahrt Martigny-Fully). Strasse in Richtung Fully bis Pont de Branson am Rhoneufer südwestlich des Dorfs Fully. Parkplatz bei der Brücke.

Von Kühen und Käse

Schnaubend stemmen sie die Hufe in den Boden und senken angriffslustig die Hörner. Dann gehen die Kolosse aufeinander los. Die Rede ist von den Eringer-Kühen, einer rauflustigen und wenig nutzbringenden Rasse, die man ausserhalb des Wallis kaum findet. Die kräftigen und kämpferischen Kühe werden bis 700 Kilo schwer, landen aber selten beim Metzger, sondern werden als Königinnen des Kuhkampfs verehrt und auch teuer gehandelt. Der Kuhkampf ist eine der urtümlichsten Walliser Traditionen: In sechs lokalen Vorausscheidungen treten im Frühling Hunderte von Kühen in den Ring. Im Finale (Anfang Mai in Aproz bei Sion) wird die Königin gekürt. Dann geht es auf die Alp, wo der stärksten Kuh die fettesten Kräuter gehören, und Ende September findet in der römischen Arena von Martigny der letzte Kampf des Jahres, «le Combat des Reines», statt.

Eine alte Walliser Tradition ist auch das Raclette, die ursprünglich auf offenem Feld genossen wurde. Ein reifer halbierter Laib Rohmilchkäse wird am Feuer geschmolzen und die flüssige Käsemasse mit einem Messer abgestrichen. Dazu isst man frische gekochte Kartoffeln. Raclette gilt noch heute, auch wenn man es jetzt öfter auf dem Tischgrill zubereitet, als Mahl der Freundschaft. Und über die Frage, aus welchem Tal der beste Raclettekäse dafür kommt, lässt sich genüsslich streiten. Dazu passt am besten ein süffiger Fendant, ein Walliser Weisser aus der Chasselastraube, oder ein Johannisberg.

■ Die Route

Vom Rhoneknie durch das Naturschutzgebiet nach Branson

Die grosse Wanderung durchs Walliser Rhonetal und durch die grösste Rebenlandschaft der Schweiz beginnen wir dort, wo die Rhone auf ihrem Weg zum Genfersee plötzlich einen grossen Knick macht, bei Martigny. Im Weg stehen dem Fluss die imposanten Felsen der Follatères, die wie eine Talsperre und eine Wetterscheide wirken. An ihren Flanken wachsen 1500 verschiedene Pflanzen- und 80 Straucharten, Echsen liegen in der Sonne, seltene Vogelarten nisten hier – ein wahres Eldorado für jeden Naturfreund. Bei der Brücke Pont de Branson über die Rhone (Postautohaltestelle) zeigen die Wegweiser in Richtung «Réserve naturelle des Follatères». Das Asphaltsträsschen führt steil hinauf, geht aber bald in einen sandigen Wanderweg über. Es ist warm hier, das Klima und damit auch die Vegetation wirken mediterran. Nach zwanzig Wanderminuten biegt man an einer Kreuzung rechts ab und folgt dem Weg, der jetzt der Bergflanke entlangführt. Ein interessantes Wegstück: Man entdeckt Kakteen und Oliven, hört den Gesang der Grillen, sieht im Lössgestein die Nester von Grabwespen – über fünfzig Arten sollen hier nisten. Das Gneisgestein ist graugrünlich mit hellen Graniteinschlüssen und überrascht mit einer Art Rost an der Oberfläche, der vom Eisenoxid im Stein herrührt.

Immer wieder eröffnen sich herrliche Ausblicke: Unter uns liegt die Ebene mit der Stadt Martigny, vor uns die weit verzweigte Gemeinde Fully mit insgesamt dreizehn Dörfern und Weilern, die in ein endlos scheinendes Band von Rebbergen eingebettet sind. Und am Horizont sieht man bei gutem Wetter bis nach Sion und

Montana. Durch Fels und Wald wandert man dem Weiler Branson entgegen, vorbei am Pierre-à-Grosse, einem beliebten Trainingsfelsen für Kletterer. Am Eingang des Weilers hat eine Künstlerin «Notre Dame de l'Espérance», eine Madonnenfigur, aus einer Baumhöhle herausgeschnitzt. Branson entzückt mit winzigen Mazots – so klein, dass man mit heutigen Platzansprüchen mindestens zwei der Häuschen verbinden muss, um darin zu wohnen. Aus einem Fenster grüsst eine freundliche Frau – immer, Tag und Nacht, denn sie ist auf die Hauswand aufgemalt und bietet dem müden Wanderer Gästezimmer zum Übernachten an (L'Erable rouge).

Auf dem Chemin du Vignoble zur Burg von Saillon

Der Chemin du Vignoble führt von Branson den zahlreichen Rebmauern entlang, die den steilen Hang zu Terrassen formen und dadurch den Weinbau ermöglichen. Eindrücklich ist die Combe d'Enfer, eine von der Natur geformte Arena, die den Reben eine optimal geschützte Sonnenlage bietet. Kein Wunder, gedeihen hier sogar Kaki- und Kiwifrüchte. Unten liegen die Häuser von Vers l'Eglise, das meistens einfach Fully genannt wird. Der markante Bau mit den hohen Kirchenfenstern war einst eine Fabrik, die Belle Usine, und wird heute für kulturelle Zwecke genutzt. Nach einer guten halben Wanderstunde ab Branson erreichen wir die «Châtaigneraie de Fully». Der Kastanienhain, ein idyllischer Ort mit jahrhundertealten Bäumen, ist besonders schön zur Blütezeit im Juni. Früher, bevor sich der Kartoffelanbau durchsetzte, hatte jede Familie zur Selbstversorgung mindestens einen Baum; der Kastanienwald von Fully bedeckte über fünfzig Hektaren. Heute bemüht sich die Gemeinde Fully um den Erhalt des alten Kulturguts, veranstaltet jeden Herbst ein Kastanienfest, hat einen Kastanienlehrpfad geschaffen und stellt einen grossen gedeckten Pick-

Das Wallis bietet die längste Rebenlandschaft der Schweiz – und jede Menge Hügel mit Schlössern und Burgen.

Das Gewehr des Falschmünzers – und das Museum.

nickplatz zur Verfügung. Der Kastanienwald von Fully mit heute noch zwölf Hektaren gilt als der grösste von Mitteleuropa. Die Kastanien dürfen im Oktober gratis und legal von jedermann geerntet werden.

Auf Naturwegen und auf Asphaltsträsschen durchwandern wir Rebberge und kleine Dörfer. In Châtaignier ist man in einer Viertelstunde, dann folgen Saxé (das bedeutet Fels) und Mazembroz. Der Weg folgt den Reben, die sich möglichst weit an den wilden Felsen emporziehen. Vor allem im Frühling beeindruckt die Blütenpracht, die Gneis- und Granitwände leuchten, und wenn man Glück hat, sieht man einen der vielen Hasen, die hier ungestört hausen. Jedes winzige Fleckchen Erde ist mit Reben bepflanzt, knorrig und fast schwarz stehen sie da.

Rund eine Wegstunde ab Mazembroz erreicht man La Sarvaz, steigt in einer Zickzackschlaufe den Berg hoch – und hat plötzlich die Ruine der Tour Bayard vor Augen, das Wahrzeichen von Saillon aus dem Jahr 1260. An den Hängen ringsum wachsen Mandelbäume, die dank dem milden Klima oft schon im Januar blühen. Auf dem Hügel gegenüber liegt «le Bourg», das Dorf, das den Besucher mit seinen gepflästerten Strassen und gut erhaltenen Häusern ins Mittelalter zurückversetzt und als einer der besterhaltenen Stadtkerne der Schweiz gilt. Erbaut wurden der runde Bergfried und die Schutzwehre von den Herzögen von Savoyen. Aus der heutigen Zeit stammen die Glasskulpturen, die zum winzigen Farinet-Rebberg hinaufführen (siehe Seite 110). Einige hübsche Gasthäuser verleiten zu einer längeren Rast.

Von Saillon nach Leytron und Chamoson

Wir verlassen Saillon durchs östliche Stadttor, überschreiten nach rund zwanzig Minuten das Flüsschen Salentze und wandern in der Nähe des Weilers Produit über den rebenbewachsenen Schuttkegel. Der Untergrund beim Dorf Montagnon gibt als aktivstes Bergrutschgebiet der Schweiz immer wieder Anlass zu Sorge. Der Weg führt oberhalb der Weingemeinde Leytron durch, wo unten in der Ebene «Le Grand Brûlée», der Rebberg des Staates Wallis, mit einer eidgenössischen Weinbau-Ver-

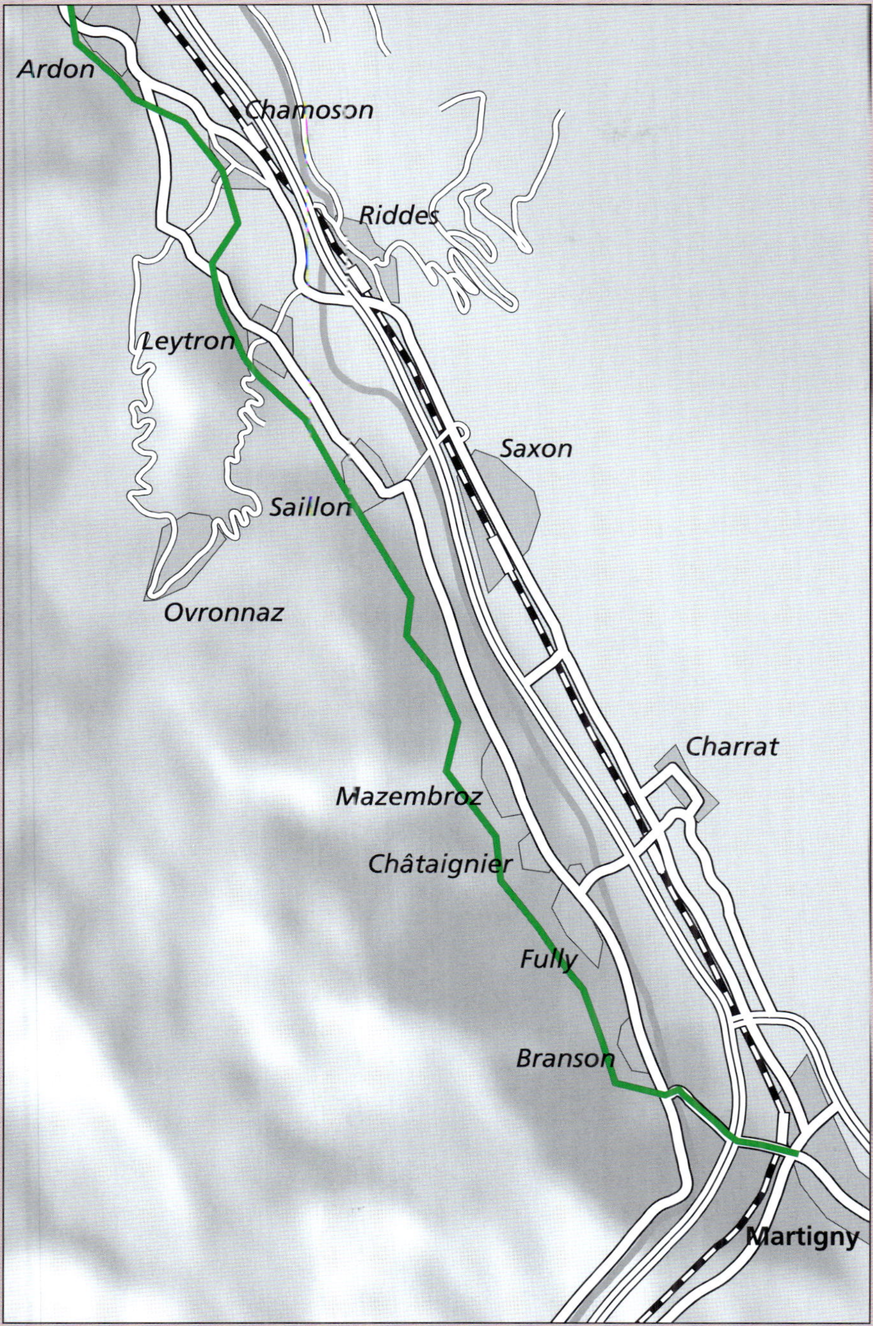
Ardon
Chamoson
Riddes
Leytron
Saxon
Saillon
Ovronnaz
Charrat
Mazembroz
Châtaignier
Fully
Branson
Martigny

Weiter Blick über die Ebene zwischen Martigny und Fully.

suchsstation liegt. Linkerhand erhebt sich die Ardève, eine schwindelerregende Kalkwand. Über die Losentze führt der Weg nach Chamoson, die «Hauptstadt des Johannisberg», das wir nach rund einer Stunde ab Leytron erreichen. Chamoson und das ihm rhonewärts angegliederte St-Pierre-de-Clages haben viel zu bieten: Schöne Häuser, berühmte Kirchen, aussergewöhnlich viele Buchläden und -antiquariate, ein gutes Restaurant und einen neuen Rebwanderweg (siehe auch Seite 116).

Von Chamoson nach Vétroz

Man könnte gut in Chamoson Station machen und es sich hier wohl sein lassen. Wer sich fürs Weiterwandern entscheidet, nimmt das knapp zwei Stunden entfernte Vétroz ins Visier und verlässt Chamoson in östlicher Richtung. Vor uns liegt die beste Reblage, «Les Lumaires», zu Füssen des Felsmassivs Haut de Cry. Sie ist derart begehrt, dass sich fast hundert Besitzer den Hügel teilen und eine Parzelle oft nur so gross wie zwei Leintücher ist. Der Abstieg durch den Rebberg in Richtung Ardon vermittelt eine Ahnung davon, wie hart die Arbeit in diesen Steillagen ist. Wir passieren das Dorf auf einem Feldweg oberhalb des Zentrums und überqueren den Fluss Lizerne, der weit oben bei Derborence am Fuss des Diableretmassivs entspringt. Der Weg führt nun eine Viertelstunde lang der Hauptstrasse entlang (man könnte auch den Bus nehmen), zweigt dann links ab und leitet durch die Rebberge Vétroz entgegen. Beim Restaurant Relais du Valais erreichen wir das Weinbauern- und Grand-Cru-Dorf, das auf seine alte Traubensorte Amigne stolz ist; es gilt als deren bestes und grösstes Anbaugebiet, 18 der davon insgesamt 24 im Wallis (und weltweit) bestehenden Hektaren liegen hier.

Die Extras

Weindegustationen

An der Route liegen verschiedene Caveaux, welche die Weine der örtlichen Winzer ausschenken und auch flaschenweise verkaufen: Le Verre à Pied in Martigny, im Hôtel du Parc, Prés-Beudins 20, Telefon +41 (0)27 720 16 16; Caveau de Fully, Rue de l'Eglise, Fully, Telefon +41 (0)27 746 39 51 oder (0)79 434 77 59; Oenothèque de Fully, Palais des Vins an der Hauptstrasse Fully–Saillon, Telefon +41 (0)27 746 41 50, www.oenotheque-fully.com, täglich geöffnet; Oenothèque de Leytron, Route de Riddes, Telefon +41 (0)27 307 13 30, www.oeno.ch, täglich geöffnet; Caveau de Chamoson, Rue St-André 14, Telefon +41 (0)27 306 56 70, www.chamoson.ch/caveau; Caveau de Saillon, Place du Bourg, Telefon +41 (0)27 744 28 50, www.saillon-vins.ch; Relais du Valais, Vinothek von Vétroz, Route de l'Abbaye 35, Telefon +41 (0)27 346 03 03, www.relaisvalais.ch.

Museen

- Die Fondation Pierre Gianadda in Martigny, eines der bedeutenden Museen der Welt, die Stiftung eines erfolgreichen Bauunternehmers, zeigt regelmässig Retrospektiven grosser Maler. Informationen: Telefon +41 (0)27 722 39 78, www.gianadda.ch.
- Das Musée Farinet in Saillon, Rue du Bourg, Telefon +41 (0)27 744 40 03, ist wohl das einzige Falschmünzer-Museum der Welt (siehe auch Seite 110).
- In der Belle Usine von Fully, einer ehemaligen Fabrik, die mit ihren hohen Fenstern und dem grossen Raum wie eine Kirche wirkt, finden regelmässig Konzerte und Ausstellungen statt. Informationen: www.belleusine.ch.

Restaurants, Hotels

- Fully: Hôtel-Restaurant de Fully, Rue de l'Eglise, Telefon +41 (0)27 746 30 60, Ruhetag Sonntagabend. 50 Betten. Gute Küche mit lokalen Produkten, günstiges Tagesmenü.
- Branson bei Fully: Privatzimmer «L'Erable Rouge», Jacqueline Granges, Telefon +41 (0)27 746 16 08 oder (0)79 608 05 39, www.bnb.ch.
- Saillon: Restaurant du Vieux-Bourg, Telefon +41 (0)27 744 18 98, Ruhetag Montag und Dienstag. Eine Hochburg für Käsefreunde mit 20 Sorten Walliser Bergkäse und Tomme.
- Chamoson: Auberge-Restaurant Le Soleil, Telefon +41 (0)27 306 25 71, Ruhetag Montag und Dienstag. Brasserie, Gourmetrestaurant, Hotelzimmer.
- Ardon: Hotel Relais du Petit Bourg, Telefon +41 (0)27 306 86 00.
- Vétroz: Restaurant Au Coq en Pâte, Telefon +41 (0)27 346 22 33, Ruhetag Sonntag und Montag. Südlich inspirierte Atmosphäre, französische Bistroküche.
- Vétroz: Restaurant Relais du Valais, Telefon +41 (0)27 346 03 03, www.relaisvalais.ch, täglich geöffnet. Restaurant in altem Klostergebäude mit Vinothek.

Besonderes

- Die Gemeinde Fully verfügt über ein grosses Wegnetz und gutes Kartenmaterial, sie bietet spezielle Kombinationen mit Unterkunft, Essen und Wanderung an. Wer mehr über Fauna und Flora wissen will, kann sich bei der Wanderung durch spezialisierte «Accompagnateurs» begleiten lassen. Informationen: Fully Tourisme, Telefon +41 (0)27 746 20 80, www.fully.ch.
- Saillon nennt sich «la cité de l'asperge», die Stadt des Spargels. Zur Erntezeit gibt es überall Spargelmenüs. Informationen: Office du tourisme, Saillon, Telefon +41 (0)27 743 11 88.
- In der Nähe der Salentzeschlucht entspringt das thermale Mineralwasser der Bains de Saillon, Route du Centre thermal, Saillon, Telefon +41 (0)27 743 11 70, www.bainsdesaillon.ch. Geöffnet täglich von 8 bis 21 Uhr.

Detaillierte Informationen zu Unterkunft, Routen, Veranstaltungen erhältlich bei: Fully Tourisme, Telefon +41 (0)27 746 20 80, www.fully.ch; Office du tourisme Saillon, Telefon +41 (0)27 743 11 88, www.saillon.ch; Wallis Tourismus, Telefon +41 (0)27 327 35 70, www.wallis.ch; Valrando, Telefon +41 (0)27 327 35 80, www. valrando.ch; Interprofession du Vin du Valais, Telefon +41 (0)27 345 40 80, www.walliser weine. ch.

Von Vétroz bis St-Léonard: Den Bisses entlang

Warum gerade hier wandern?

- Die durch steile Mauern befestigten Rebberge oberhalb von Sion gehören zu den eindrücklichsten Weingebieten überhaupt.
- Zweite Etappe auf dem neu ausgeschilderten Sechzig-Kilometer-Rebwanderweg durchs Rhonetal.
- Weite Strecken führen den offenen Bisses oder Suonen entlang, dem alten Walliser Bewässerungssystem.
- Der kleine See von Mont d'Orge ist ein idyllischer Rastplatz.
- Schöner Blick auf Sion mit seinen beiden Burghügeln Valère und Tourbillon.
- Kleines Bistro direkt an der Bisse mit fantastischem Ausblick.
- Lohnender Abstecher nach Savièse zur Burgruine de la Soie.

Das Haar in der Suppe

Zwischendurch sind einige steile Auf- und vor allem Abstiege zu bewältigen. Gute Schuhe und ein Wanderstock helfen dabei.

Wanderzeiten und Schwierigkeit

Von Vétroz bis Sensine steigt man 1 Stunde auf, bis zum Lac Mont d'Orge sind es weitere 45 Minuten. Die gesamte Wanderzeit von Vétroz bis St-Léonard beträgt rund 5 Stunden.
Wer den beschriebenen Umweg zur Burgruine von Granois einbauen will, muss

Bisses oder Suonen – dem alten Bewässerungssystem entlang lässt sich gut wandern.

Bis wohin wandern wir heute? Eines der eindrücklichsten Weingebiete überhaupt.

für Hin- und Rückweg knapp 2 weitere Stunden einplanen. Man kann aber dort die Wanderung auch abbrechen und am nächsten Tag gemütlich weiterführen.
Die Wege der Bisse de Clavau entlang sind ein unbestrittener Höhepunkt, Schwindelanfälligen könnte es beim Blick in die tief unten liegende Ebene hin und wieder bange werden. Für Trittsichere besteht jedoch keine Gefahr, die Wege sind breit genug.

Kinder? Velo?

Grössere Kinder freuen sich am Ausblick, an den interessanten Tafeln im Rebberg oberhalb von Sion und ganz besonders am Umweg zur Burgruine. Hunde werden die Suonen zum Trinken und Baden sehr schätzen.
Fahrräder und Kinderwagen sind hier jedoch fehl am Platz.

Das sollte man mitnehmen

Eine 25 000er-Wanderkarte des Gebiets Sion/Savièse, falls man sich vom beschilderten Rebenweg entfernen und den Abstecher nach Granois zur Schlossruine machen will.
Pullover oder leichte Jacke für den Besuch der unterirdischen Grotte von St-Léonard.

Hin und zurück

Mit Bahn und Bus

Vétroz liegt zwischen Martigny und Sion im Rhonetal. Gute Verbindungen via Lausanne oder Brig nach Martigny oder Sion. Stündlich ein Bus ab Bahnhof Martigny oder ab Post Sion.
Rückfahrt ab St-Léonard (zwischen Sion und Sierre gelegen) mit Bahnhof und Bushaltestelle.

Mit dem Auto

Autobahn via Montreux und Martigny bis Ausfahrt Vétroz. Oder von der Ausfahrt Sion Est bis zum grossen Parkplatz beim unterirdischen See in St-Léonard, von dort rund 15 Minuten Marschzeit zum Bahnhof.

■ Die Route

Von Vétroz zum Lac Mont d'Orge

Hinter Vétroz geht es gleich recht steil den Berg hinan. Eine kurvenreiche, betonierte Strasse führt hinauf in Richtung Conthey und Sensine. Man geniesst die Rebberge und den Blick auf das Rhonetal, von dem man sich weiter und weiter entfernt. Die Freude, nach rund einer Stunde endlich das Dorf Sensine oben auf dem Hügel erreicht zu haben, währt nur kurz. Denn nun geht es sehr steil

Die Walliser Wasserleitungen

«Der liebe Gott hat den Hang geschaffen, aber wir haben dafür gesorgt, dass er zu etwas dient», sagte C. F. Ramuz. Dafür gesorgt haben findige Vorfahren schon sehr früh: Die Bisse de Clavau zum Beispiel wurde 1453 auf Initiative des «ehrwürdigen Domkapitels von Sitten» errichtet, mit dem Ziel, die Rebberge von Ayent, Grimisuat und Sitten zu bewässern. 7500 Meter war sie lang und führte durch die Schlucht der Lienne. Die Bisses oder auf Deutsch Suonen stammen aus dem Mittelalter und wurden von den Walliser Bergbauern angelegt, um in den trockenen Sommermonaten das Wasser von den Quellen und Gletschern zu ihren Feldern und Rebbergen zu leiten. Meistens wurden sie als Steinrinnen in den Boden geschlagen, oder man befestigte Tragbalken im Stein und legte hölzerne Rinnen darauf. Die Leitungen von einer Gesamtlänge von rund 2000 Kilometern führten oft steilen Abgründen entlang, und ihr Unterhalt war keineswegs ungefährlich. Heute existieren noch einige Dutzend, und immer mehr Wanderer folgen den einstigen Wasserwegen.
Die Walliser Wanderwege haben eine Broschüre mit 23 Suonen-Wanderungen herausgegeben, erhältlich bei Valrando, Telefon +41 (0)27 327 35 80, www.valrando.ch.

hinunter ins Tal des Flüsschens Morge, das sich tief in die Landschaft gefressen hat. Und dann, naturgemäss, wieder hinauf. Nach einer weiteren halben Stunde trifft man auf den alten Chemin de Vignoble, der nach La Muraz und zum Lac Mont d'Orge führt.
Von hier ist ein lohnender Abstecher möglich, vor allem, wenn man nicht in Sion oder St-Léonard übernachten möchte, sondern am nächsten Tag in Richtung Sierre weiterwandern will: Ein schöner Waldweg führt gemächlich den Berg hinauf nach Granois. Unterwegs kann man sich in der Burgruine Seta vergnügen, sich als Ritter oder Burgfräulein fühlen und die grossartige Aussicht geniessen. Das 1219 erbaute Schloss war ein strategisch wichtiger Beobachtungsposten über das savoyardisch besetzte Unterwallis. Die als Festung angelegte 500 Meter lange Schlossanlage war die Residenz der Fürstbischöfe von Sitten. 1417 wurde sie in Brand gesteckt, viele Steine fanden anderweitig Verwendung. Im Dorf Granois bietet sich das gemütliche Familienhotel Château de la Soie als angenehm ruhiger Etappenort an.
Nachdem die «Abtrünnigen» wieder auf den Chemin du Vignoble zurückgekehrt sind, setzen sie mit den «Linientreuen» die Wanderung in Richtung des hübschen Waldsees von Mont d'Orge fort. Man durchquert die Reblagen von Crétalonze und Balletière und hat bereits den Mont d'Orge vor Augen, den Hügel, der die allerbeste Aussicht auf die Schlösser von Sion bietet. Unser Weg führt an seinem Fuss entlang – in einer zusätzlichen Schlaufe von einer halben Stunde lässt er sich jedoch gut besteigen. Wem das zu viel ist, der sollte sich mindestens die fünf zusätzlichen Minuten ans Seeufer gönnen: Das naturbelassene Gewässer ist bewachsen mit Binsen, Wasserpfefferminze und weissen Seerosen und gesäumt von Ruhebänken, die sich für eine Rast direkt aufdrängen.

Der Bisse entlang ins kleine Paradies

Wieder leicht bergan geht es in Richtung Ormône, Teil der grossen Gemeinde Savièse, dann ein Stück der Bisse de Lentne entlang, die einst gebaut wurde, um die Sittener Rebberge mit dem Wasser des Flüsschens Sionne zu speisen. Der Blick schweift ungehindert zu den dominanten Türmen von Sion, der Ruine vom Tourbillon und dem Schloss vom Valère. Man geht wie auf einer Aussichtsterrasse, begleitet vom offenen Bach, der munter neben dem Weg plätschert. Diese schöne Strecke hat allerdings ihren Preis: Steil fällt das Strässchen bis an den nördlichen Rand der Stadt Sion ab, um dann wieder steil hinaufzuführen in Richtung der zackigen Kurven der Strasse nach Champlan.

Doch oben winkt eine Belohnung: eines der schönsten Wegstücke der gesamten Wanderung, entlang der Bisse de Clavau. Es beginnt bei der Ingenieurschule von Sion (Parkplatz) und führt rund eine Stunde durch die Rebberge von Clavau und Brûlefer. Das Bächlein sprudelt neben dem Wanderweg, der über spektakulären Trockenmauern weit oben durch das Tal führt. Diese Suone tut bereits seit 1453 ihren Dienst. Und die Anlage der Rebberge mit bis zu sechzehn Meter hohen Stützmauern ist derart beeindruckend, dass sie als Kulturdenkmal unter Schutz steht. Klatschmohn blüht, wilde Malve, die bedrohte Mariendistel und der einst verfemte Wermut (Absinth). Schmetterlinge tanzen und Zikaden zirpen, Schautafeln erklären die geografischen Besonderheiten und die Vegetation. Mitten in dieser Landschaft hat die Weinfirma Bonvin aus Sion ein altes Rebhäuschen zu einem einfachen Restaurant ausgebaut – wer dort auf der Terrasse sitzt und bei freiem Rundumblick einen spritzigen Fendant schlürft, der möchte nie mehr weiterwandern.

Doch so weit ist es gar nicht mehr. In einer halben Stunde ist man in Moli-

Oben die Suone, weit unten die Rhone, dazwischen steilste Rebberge – ein herrliches Stück Weg.

Hier möchte man ewig bleiben, im Bistro der Weinfirma Bonvin an der Bisse de Claveau.

gnon, wandert dann weiter Signèse zu und biegt in Richtung Maya und Uvrier nach rechts talwärts ab. Steil geht es hinunter zum Zentrum – die Zivilisation hat einen wieder, versüsst mit einer weiteren Attraktion: Der grösste unterirdische See Europas kühlt auch überhitzte Köpfe schnell ab, ohne dass man ins gletscherklare und -kalte Wasser tauchen muss. Per Boot lässt man sich eine Stunde lang durch die Grotte fahren und geniesst den Blick in die «Unterwelt».

Die Extras

Weindegustationen

■ L'Oenothèque, Bâtiment Point Rhone, Rue de l'Industrie 54, Sion, Telefon +41 (0)27 322 06 74, www.oeno.ch, täglich geöffnet.

■ Caveau-Oenothèque Le Verre à Pied, Grand-Point 29, Sion, Telefon +41 (0)27 321 13 80, täglich geöffnet. 150 Weine im Offenausschank oder Direktverkauf, darunter auch jene der Vereinigung Grain Noble Confidentiel.

■ Caveau La Tour Lombarde, le Bourg, Conthey, Telefon +41 (0)27 346 72 32, Montag geschlossen.

Museen

■ Kantonales Museum für Archäologie, Rue des Châteaux 12, Sion, Telefon +41 (0)27 606 47 00, Dienstag bis Sonntag nachmittags geöffnet. Sammlung von 30 000 v. Chr. bis 5. Jh. n. Chr.

■ Valeriakirche, Sion, Telefon +41 (0)27 606 47 10. Bemalte Orgel aus dem 15. Jahrhundert, die noch gespielt wird, Gottesdienst täglich um neun Uhr, Führungen.

Restaurants und Hotels

■ Am Wanderweg Bisse de Claveau: Guérite Brûlefer, Telefon +41 (0)79 246 56 59, www.charlesbonvin.ch, Freitag bis Sonntag oder nach Vereinbarung geöffnet. Ein kleines Paradies mitten im Rebberg direkt an der Suone oberhalb von Sion. Eine halbe Wanderstunde ab Sion oder ab dem Weiler Molignon. Kleine Karte, Raclette, «Zvieriplättli», Weine des Hauses Charles Bonvin. Geplant ist der Anbau einiger weniger Zimmer.

■ Sion: Restaurant Cardinal/Vinothek Nobilis, Avenue de la Gare 18, Telefon +41 (0)27 322 36 85, www.ecole-nobilis.ch. Einfache traditionelle Küche, Spezialität Entenleber, hervorragende Weinkarte, der Chef ist Dominique Fornage, Gründer des Qualitätslabels Nobilis.

■ Sion: Restaurant Relais du Mont d'Orge, La Muraz, Telefon +41 (0)27 395 33 46. Gute Gaststätte für eine Rast unterwegs.

■ Sion: Restaurant La Table d'Hôtes, Rue de la Cathédrale 26, Telefon +41 (0)79 471 85 06, Dienstag bis Samstag ab 19 Uhr geöffnet. Der junge Christian Roch pflegt eine gute Küche mit Produkten des Terroirs.

■ Sion: Hôtel du Rhone, Scex 10, Telefon +41 (0)27 322 82 91, www.bestwestern.ch/durhonesion. Dreisternhotel im Stadtzentrum.

■ St-Léonard: Hôtel des Vignes, Rue du Pont 9, Telefon +41 (0)27 203 16 71, www.hoteldesvignes.ch. Viersternhaus in toskanischem Stil.

■ Granois/Savièse: Hôtel Château de la Soie, Telefon +41 (0)27 396 60 00, www.chateaudelasoie.ch, Mitte November bis Mitte Januar geschlossen. Angenehmes, ruhiges Hotel mit nahe gelegenem Restaurant in schönem Dorf oberhalb von Sion, nahe bei der Burgruine gleichen Namens. Es lohnt den rund einstündigen Abstecher zum Übernachten.

Besonderes

■ Eine Herausforderung für besonders Sportliche: Jeweils im Mai findet der Weinberg-Marathon Grand Prix Provins Valais statt. Die Rennstrecke führt durch die Weingebiete von Sion, Conthey, Ardon und Vétroz bis in die Provins-Kellerei in Ardon. Informationen: Telefon +41 (027) 328 66 66, www.marathonduvignoble.ch.

■ In St-Léonard befindet sich der grösste unterirdische See Europas. Er ist 330 Meter lang und 20 Meter breit und kann per Boot mit Führer befahren werden. 15. März bis 1. November täglich geöffnet. Gartenwirtschaft beim Höhleneingang. Telefon +41 (0)27 203 22 66, www.st-leonard.ch.

Detaillierte Informationen zu Unterkunft und Veranstaltungen bei: Sion Tourismus, Place de la Planta, Sion, Telefon +41 (0)27 327 77 27, www.siontourism.ch; Sion Région Tourisme, Avenue de la France 4, Sion, Telefon +41 (0)27 322 44 33, www.sion-region.ch; Wallis Tourismus, Rue Pré-Fleuri 6, Sion, Telefon +41 (0)27 327 35 70, www.wallis.ch.

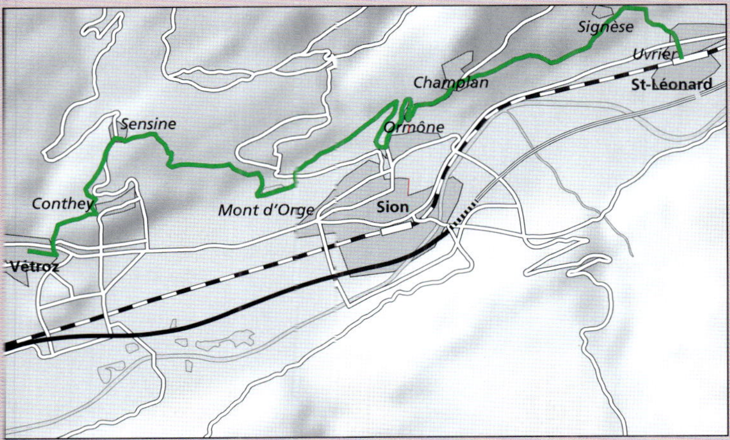

Von St-Léonard bis Leuk: Über die Sprachgrenze

Warum gerade hier wandern?

- Sierre/Siders, «die Stadt mit den meisten Sonnenstunden in der Schweiz», bietet historische Bauten und den Badesee Lac de Géronde.
- Auf dem Rebweg zwischen den beiden Walliser Reb- und Weinmuseen von Sierre und Salgesch.
- In Veyras hat der Dichter Rainer Maria Rilke seine letzten fünf Lebensjahre verbracht.

Zum Schrecken der räuberischen Vögel – zur Freude der Menschen: die Ernte.

- Leuk Stadt mit seinen mittelalterlichen Mauern und Gassen.
- Das Restaurant Château de Villa lohnt wegen seiner riesigen Weinauswahl einen Umweg.
- Salgesch/Salquenen auf der Sprachgrenze zwischen Ober- und Unterwallis – Bindeglied zwischen beiden Kulturen, Heimat des Pinot noir Grand Cru de Salquenen.
- Dritte und letzte Etappe des Chemin de Vignoble, an dem 23 Gemeinden beteiligt sind.

Das Haar in der Suppe

Im Wallis, der «anderen» Sonnenstube der Schweiz, ist es im Sommer heiss, oft zu heiss, um in den schattenlosen Rebhängen zu wandern. Weit angenehmer ist es im Frühling und Herbst. Oder im Winter, wenn die kahlen Rebberge einen besonderen Reiz ausstrahlen.
Insbesondere der erste Teil von St-Léonard bis Sierre verläuft oft auf befestigten Strassen, und man hört den Lärm der Autobahn. Wer darauf verzichten will, nimmt für dieses Stück den Bus.

Wanderzeiten und Schwierigkeit

Von St-Léonard bis nach Sierre wandert man etwa 2½ Stunden. Der neu gestaltete Rebenweg von Sierre bis Salgesch nimmt (mit dem Lesen der Tafeln) nochmals 2½ Stunden in Anspruch. Und von Salgesch bis Leuk/Susten muss man mit knapp 2 Stunden rechnen – dies ergibt insgesamt rund 7 Stunden. Eine grosse Etappe, die mit einer Übernach-

Wandern, so weit die Füsse tragen.

tung in Sierre oder in Salgesch weniger anstrengend gestaltet werden kann. Der Weg bietet dem Wanderer keine besonderen Schwierigkeiten.
Zusatzschlaufe: Salgesch bietet mit seinem Smaragdeidechsenweg einen informativen Rundgang mit Hinweistafeln zu seltenen Tieren und Pflanzen. Dauer 1½ Stunden, Start im Dorfzentrum.

Kinder? Velo?

Kinder möchten im Sommer sicher einen Badehalt am Lac de Géronde bei Sierre einschalten. Ihnen wird auch der Rebwanderweg von Sierre nach Salgesch gefallen.
Nicht geeignet für Radfahrer. Geplant ist ein spezieller Radweg näher bei der Rhone.

Das sollte man mitnehmen

Das Badezeug fürs Eintauchen im Lac de Géronde. Proviant und Wasser für die längeren Strecken ohne Gasthaus.

Hin und zurück

Mit Bahn und Bus

St-Léonard liegt zwischen Sion und Sierre und ist mit beiden Städten mit Zug und Postauto verbunden.
Ab dem Bahnhof Leuk/Susten fährt die Bahn nach Brig oder Lausanne mit Verbindungen in die ganze Schweiz.

Mit dem Auto

Autobahn via Montreux und Martigny nach St-Léonard. Ausfahrt Sion Est. Rückkehr zum Auto mit Bahn oder Postauto möglich.

■ Die Route

Start über dem unterirdischen See

Wir durchqueren den alten Dorfteil von Uvrier/St-Léonard und steigen den Weinberg hinauf. Unter unseren Füssen befindet sich die Höhle mit dem grössten unterirdischen See Europas, die durch den Zerfall der gipshaltigen Felsen entstanden ist. Der Hügel ist über und über mit Reben bestockt. Der Wanderweg

Rainer Maria Rilke und das Wallis

«Wenn man sich vom Tal her nähert, steht es jedes Mal wie ein Zauber da, über den (jetzt schon verbrannten) Rosengängen seines kleinen Gartens, in der Farbe des uralten Hausteins, der graue und violette Töne hat, aber in der Sonne sich golden geröstet und gebräunt hat, auch wieder wie gewisse Mauern in Andalusien.» So beschrieb Rainer Maria Rilke der Fürstin Marie von Thurn und Taxis am 25. Juli 1921 den mittelalterlichen Turm von Muzot bei Veyras, den er zu seinem letzten Domizil gewählt hatte. Rilke, der als bedeutendster deutschsprachiger Dichter der ersten Hälfte des 20. Jahrhunderts gilt, entdeckte das Wallis auf Gemälden, die Frauen in einheimischer Tracht zeigten. 1921 beschloss er mit seiner Freundin Baladine Klossowska, in die Gegend von Sierre zu ziehen. Die Landschaft erinnerte ihn an Spanien und die Provence. Der Winterthurer Industrielle und Mäzen Werner Reinhardt kaufte den Turm und stellte ihn dem Paar als Wohnsitz zur Verfügung. Hier entstanden Rilkes «Duineser Elegien» und die «Sonette an Orpheus». In französischsprachigen Gedichtzyklen, den «Quatrains valaisans», besang er die Rhone-Ebene und die Hügel. Rilke starb am 29. Dezember 1926 an Leukämie, beerdigt wurde er auf seinen Wunsch bei der Burgkirche von Raron.

führt teilweise auf asphaltierten Strassen, teilweise auf Naturwegen durch die Rebberge, bleibt aber im ersten Stück bis St-Clément in Hörweite der dicht befahrenen Rhonetal-Autobahn. Danach geht es zumeist auf kleineren Rebwegen weiter. Durch das Dorf von Ollon und den Weiler Champzabé nähert man sich dem hoch gelegenen Corin-de-la-Crête, wo ein prächtiger Rundblick über die Rhone-Ebene und die hohen Berge auf der gegenüberliegenden Talseite für den Aufstieg entschädigt.

Von Corin direkt oder über den Rebenweg nach Salgesch

In Corin kann der Wanderer zwischen zwei Möglichkeiten wählen. Die eine führt als Weinwanderweg weiter durch die Rebberge und umrundet Sierre grossräumig über die Dörfer Loc, Venthône und Miège, um in Salgesch wieder in den anderen Weg zu münden. Der andere Weg ist eine Verbindung zum lohnenswerten Rebenweg Sierre–Salgesch und führt über den Bach La Loquette an den Stadtrand von Sierre und zu dem aus dem 16. Jahrhundert stammenden Château de Villa, dessen schönes Restaurant und grösste Weinauswahl des Wallis einen Besuch lohnt.

Die erste Tafel des Rebenwegs muss man suchen – man findet sie hinter dem Schloss und dem grossen Parkplatz. Dort beginnt der 2003 vollständig neu gestaltete, in vier Sektoren unterteilte Weg mit zahlreichen informativen Tafeln. Das erste Thema widmet sich der Siedlungsstruktur von Villa und Muraz, Ortsteile von Sierre, die schon zur Jungsteinzeit bewohnt waren. Es wird die Wanderung der Menschen aus dem Val d'Anniviers erklärt, die an diesen Hängen einst ihre Zweitsiedlungen für die Arbeit in den Reben hatten, und auf interessante Details hingewiesen wie die «Mäusesteine» in den Stelzen der Vorratsspeicher, die dazu dienten, die Nager abzuwehren.

In Veyras, einem Weinbauerndorf mit Dorfplatz, befindet sich das Olsommer-Museum, in dem das Werk des 1966 verstorbenen Malers ausgestellt ist, der viele

Willkommener Trunk, denn die Sonne kann heiss brennen.

Im mittelalterlichen Turmhaus von Muzot in Veyras verbrachte der Dichter Rilke seine letzten Jahre.

Jahre hier lebte und wirkte. Weitere berühmte Bewohner waren die Dichter Maurice Chappaz und seine inzwischen verstorbene Frau Corinna Bille, die auf dem Friedhof von Veyras begraben ist. Besonders stolz ist das Dorf auf den deutschen Dichter Rainer Maria Rilke, der die letzten fünf Jahre seines Lebens im Schloss Muzot verbrachte (siehe Kasten). Im nächsten Wegabschnitt durchquert man die schön gelegene Reblage Bernunes unterhalb des Dorfes Miège. Sechs Gemeinden der Region haben sich zur Vereinigung Noble Contrée zusammengeschlossen. Eine im Jahr 2001 gepflanzte Rebsortensammlung erklärt 34 verschiedene Traubenarten: Die Informationstafeln sind eine interessante Lektüre für jeden Weinliebhaber. Hätten Sie gewusst, dass die nur im Wallis hei-

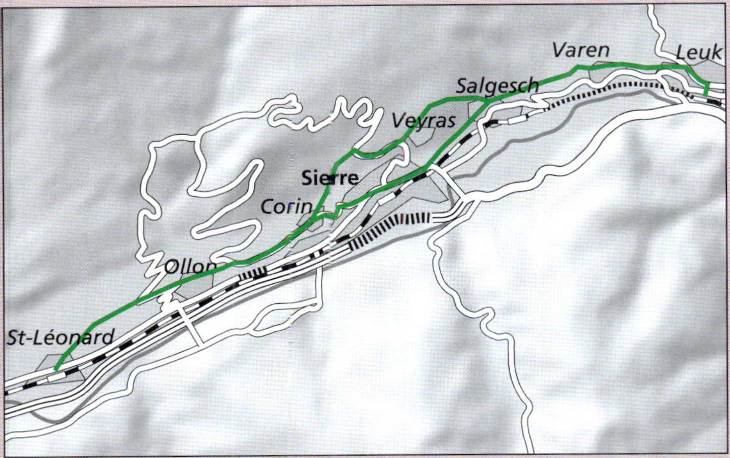

mische Sorte Lafnetscha («Laff nit scho» meint «Trink ihn noch nicht») aus Completer und Humagne blanc gekreuzt wurde? Im Wallis, dem grössten Weinbaukanton der Schweiz, wachsen 41 Prozent aller Schweizer Weine. Fast 120 000 Rebparzellen sind im Grundbuch eingetragen, und man zählt nicht weniger als 22 780 Rebbergbesitzer. Das Wallis verbucht auch Rekorde in Sachen Tockensteinmauern: Zusammengerechnet kommt man auf dreitausend Kilometer, die höchsten, im Rebberg oberhalb Sion, erheben sich 17,5 Meter hoch.

Wir passieren die eindrückliche Schlucht der Raspille. Wie Fels gewordene Nadeln ragen die vom Wasser ausgewaschenen «Pyramides» in den Himmel. Im geschützten Talkessel wachsen Reben, die bereits zum Grand Cru von Salgesch gehören; das Dorf hat sich einen Namen als Produzent erstklassiger Rotweine, vor allem aus Pinot noir und Cornalin, gemacht. In der Schlucht liegt auch der Walliser «Röstigraben», die Sprachgrenze zwischen dem Französisch des Unter- und dem Deutsch des Oberwallis. Der Rebenweg endet im Dorfkern von Salgesch beim restaurierten Zumofenhaus, das jetzt ein Rebmuseum ist.

Von Salgesch bis Leuk

Unter eindrucksvollen Kalkfelsen steigt man den Weinberg hinan. Er wird von zwei Suonen durchzogen, die Lagen «Püelete» und «Pflantschang» stimmen auf den urchigen und für Fremde nicht immer mühelos verständlichen Walliser Dialekt ein. Wir erreichen das «Pfyfoltru»-Dorf Varen, das mit dem Emblem des Schmetterlings seine Naturnähe betont. Hier öffnet sich ein grossartiger Rundblick auf den Pfynwald und das sechzig Kilometer lange Band ununterbrochener Rebberge des Rhonetals. Nach Varen fällt der Weg in Richtung Dalaschlucht ab, die wir auf einer alten gedeckten Brücke überqueren, um dann ins mittelalterliche Leuk Stadt hinaufzusteigen. Das Schloss der Landesbischöfe, das Gemeindehaus und zahlreiche Bürgerhäuser stammen aus dem 15. und 16. Jahrhundert. Ein Bummel durch den Ort lohnt sich, bevor man zum Bahnhof Leuk/Susten hinunterwandert.

Gesunde Trauben sind der Lohn harter Arbeit.

Die Extras

Weindegustationen

Das Château de Villa in Sierre ist gleichzeitig eine Oenothek und ein sehr schönes Restaurant, das über fünfhundert Weine und eine grosse Auswahl an Spirituosen aus dem ganzen Walliser Anbaugebiet zur Degustation und zum Kauf bereithält. Telefon +41 (0)27 456 24 29, Oenothek täglich von 10.30 bis 13 Uhr und 16.30 bis 22.30 Uhr geöffnet.

Die Schlucht der Raspille und ihre «Pyramides» genannten Felsnadeln.

Museum

Zwei Orte, ein Museum: Sierre und Salgesch sind durch einen Rebenweg verbunden und haben sich die Ausstellungen geteilt. Das Château de Villa in Sierre zeigt die kulturellen Aspekte des Themas Wein, das Zumofenhaus in Salgesch stellt die Reben und die Arbeit des Winzers vor. Sierre: Telefon +41 (0)27 456 35 25, Salgesch: Telefon +41 (0)27 456 45 25 oder (0)78 770 04 66, www.walliserweinmuseum.ch, Januar und Februar geschlossen.

Der Pinot noir von Salgesch ist besonders edel.

Restaurants und Hotels

- Sierre: Relais Château de Villa, Telefon +41 (0)27 455 18 96, täglich von 10 bis 23 Uhr geöffnet. Im Restaurant Raclette von fünf verschiedenen Käsesorten, Oenothek mit fünfhundert Weinen.
- Salgesch: Hotel-Restaurant Arkanum, Telefon +41 (0)27 451 21 00, www.hotelarkanum.ch, Ruhetag Sonntagabend und Montag. Gaststube mit regionaler Küche, Hotel mit Weinbergthemen-Zimmern: Schlafen im Fass oder in der Presse.
- Leuk Stadt: Casa Villa, Telefon +41 (0)27 473 13 77, www.casavilla.ch, Ruhetag Dienstag. Italienische Küche, Oberwalliser Weine, fantasievolles Dekor. Inhaber ist der TV-Moderator Michel Villa.
- Sierre: Hotel Terminus, 1, Rue du Bourg, Telefon +41 (0)27 455 11 40, www.hotel-terminus.ch. Dreisternhotel mit Restaurant im Zentrum von Sierre.
- Susten: Relais Bayard, Kantonsstrasse 59, Telefon +41 (0)27 474 96 96, www.relaisbayard.ch. Dreisternhotel am Endpunkt des Walliser Weinwanderwegs, moderne Zimmer, Pizzeria, Kinderspielplatz.
- Sierre: Château Mercier, Telefon +41 (0)27 451 22 22, www.chateaumercier.ch. Schloss in den Weinbergen oberhalb des Stadtzentrums, dessen 23 Zimmer und Restauranträume von Gruppen gemietet werden können. Kein öffentlicher Restaurationsbetrieb.
- Corin: Le Caveau du Rocher, François Berclaz, Telefon +41 (0)27 455 82 88. Haus mit drei Privatzimmern an schöner Lage, mit Frühstück.

Besonderes

- Jedes Jahr am ersten Septemberwochenende gehört das Zentrum von Sierre

In der Nähe von Salgesch, beim Übergang vom französischen zum deutschen Kantonsteil.

der Vinéa. Das grösste Weintreffen des Wallis vereint rund hundert Produzenten, und gegen den Pauschalpreis von 30 Franken kann man 1500 Weine verkosten. Grosses Fest. Informationen: Telefon +41 (0)27 456 31 44, www.vinea.ch.

- Die Winzer von Varen haben ihre eigenen Weinwochen in Leukerbad, die gleich vier Wochen dauern, meist den ganzen September. Telefon +41 (0)27 472 71 70, www.leukerbad.ch.
- Ende September feiert ganz Varen ein Wochenende lang das Pfyfoltru-Weinfest. «Pfyfoltru» meint auf Walliserdeutsch einen Schmetterling. Informationen: Telefon +41 (0)27 473 15 77, www.varen.ch.
- Veyras, ein eher unscheinbares Dorf, hat auf Kunstschaffende eine sonderbare Anziehungskraft ausgeübt. Der Dichter Rainer Maria Rilke verbrachte im Turm von Muzot seine letzten fünf Lebensjahre. Maurice Chappaz und Corinna Bille bauten sich hier ein Haus. Und der Maler Charles-Clos Olsommer lebte hier. Ihr Wirken wird auf Schautafeln entlang dem Rebweg von Sierre nach Salgesch erklärt.
- Zwischen Sierre und Salgesch liegt das nationale Naturschutzgebiet Pfyn. Auf einer Länge von zehn Kilometern wird der Pfynwald von der Rhone (Rotten) in immer wechselnden Nebenarmen durchflossen und bietet einer einmaligen Fauna Lebensraum. Informationen: www.pfyn-finges.ch.

Detaillierte Informationen zu Unterkunft und Veranstaltungen beim Office du tourisme in Sierre, Telefon +41 (0)27 455 85 35, www.sierre-anniviers.ch, und im Weindorf Salgesch, Telefon +41 (0)27 452 21 31 und (0)27 456 39 66, www.salgesch.ch.

Visperterminen: Wo der Rebberg Höhenrekorde feiert

Warum gerade hier wandern?

- Der mit 1150 Meter ü. M. höchstgelegene Rebberg Europas.
- Heida, die Weinspezialität der Gegend.
- Kurzer Rebenlehrpfad mit 17 Informationstafeln auf nur 1,2 Kilometer Länge.
- Besuch der Sankt-Jodern-Kellerei, einer Genossenschaft mit 480 Nebenerwerbsweinbauern.
- Unverfälschte Natur mit Lärchen- und Arvenwäldern, blumenübersäten Weiden und Blick auf die ewig weissen Viertausender der Walliser und Berner Alpen.
- Bummel durch das gut erhaltene Walliser Dorf Visperterminen («Tärbinu») mit urchigen Gaststätten.

Auf 1150 Meter ü. M. ist die Landschaft karger.

Das Haar in der Suppe

Europas höchster Weinberg ist steil. Und entsprechend steil und schmal ist auch der Reblehrpfad, also ungeeignet für Gehbehinderte, absolut Unsportliche und noch nicht trittsichere Kinder.

Wanderzeiten und Schwierigkeit

Die Strecke ist kurz, man schafft den Weg zwischen dem Visper «Turlihubel» und dem Bächji leicht in ½ Stunde. Wer die Informationstafeln gebührend studiert, braucht etwas länger.

Wer mit dem Auto anreist und es beispielsweise bei der Sankt-Jodern-Kellerei abstellt, geht den Weg zweimal: zuerst hinunter ins Tal, dann wieder hinauf. Auch dies hat durchaus seinen Reiz: Die Aussicht ist grundverschieden, und knapp 1 Stunde Wandern ist gut zu bewältigen.

Wem das zu wenig ist, der findet im grossen Wanderwegangebot der Region sicher eine passende Fortsetzung. Zum Beispiel auf dem Rückweg eine Schlaufe von Visperterminen über Ried, Hohtenn und durch den Thelwald nach Visp (2½ Stunden, leichter Wanderweg) oder der Aufstieg ins Dorf Visperterminen (ab Visp 3 Stunden).

Kinder? Velo?

Grössere Kinder haben Spass am Erklimmen des Rebbergs und können sich dabei die mühselige Arbeit eines Winzers gut vorstellen.

Für Radfahrer ist der Weg absolut ungeeignet.

In Europas höchstem Rebberg wächst der Heida.

Das sollte man mitnehmen

Gute Schuhe. In der warmen Saison einen Sonnenhut. Und vielleicht ein Fernglas, um die Aussicht noch besser zu geniessen.

Hin und zurück

Mit Bahn und Bus

Via Brig oder Lausanne nach Visp. Von Bächji oder vom Dorf Visperterminen aus fährt stündlich ein Bus zurück nach Visp (am Wochenende weniger häufig, siehe Fahrplan unter www.postauto.ch).

Mit dem Auto

Via Lausanne oder Kandersteg-Goppenstein (Autoverlad durch den Lötschberg) nach Visp. In Visp auf dem grossen Parkplatz beim Spital/Friedhof parkieren.

■ Die Route

Anmarsch von Visp zum Rebenweg

In Visp startet man beim Friedhof in der Nähe des Spitals (erstes grünes Schild «Reblehrpfad»). Geradeaus auf der Strasse links vom Friedhof (Zone 30), nach dem Ende der Friedhofsmauer weiter geradeaus (zweites Schild «Reblehrpfad»), leicht bergan gehen, vobei am Bildungshaus Sankt Jodern. Bei der Abzweigung nach dem hellgrau-blauen Appartementhaus «Hubel» bei der Strassenverzweigung wiederum geradaus

Weiterwandern ist immer möglich.

Leben und Arbeit zwischen Grund und Grat

Die Wasser, die von Zermatt durchs Mattertal, und jene, die von Saas Fee durchs Saasertal abfliessen, treffen im Dorf Stalden aufeinander und bilden fortan gemeinsam den Fluss Vispa. An seinem Ufer wachsen auf 660 Meter über Meer die ersten Rebstöcke des Visperterminer Weinbergs. In schmalen Terrassen mit hohen Trockensteinmauern überwinden die Reben auf engstem Raum fünfhundert Höhenmeter. Hunderte von Stützmauern formen in den Steilhängen kleine Rebgärten, oft kaum grösser als zwei Leintücher. Die Südausrichtung des Hanges in der regenärmsten Gegend der Schweiz und die grossen Steinflächen der Mauern machen die «Rieben» bis in den Spätherbst zu einer wahren Wärmekammer. Noch vor zwanzig Jahren lebten die Terbiner, dem Zyklus der bäuerlichen Arbeit folgend, zwischen Grund und Grat. Die Spuren dieses Nomadenlebens finden sich überall und haben die Landschaft stark geprägt. Jeder der dreizehn gut erhaltenen Weiler, die zum Dorf Visperterminen gehören, hat seine eigene Kapelle, seinen «Driel» (Traubenpresse) und seine Brennstube.

(drittes Schild «Reblehrpfad»). Nach 500 Metern beginnt der alte Saumweg durch den Rebberg mit der ersten Informationstafel. Der «Wii-Grill», die Weingrille, wie die Gottesanbeterin im Vispertal genannt wird, begleitet den Besucher auf dem Rebenlehrpfad. Sie ist Symbol für einen Weinbau im Einklang mit der Natur und einer intakten Landschaft.

Auf einem schmalen Weg steigt man steil bergan, überwindet kleine Steinplattentreppchen, kurvt unter Felswänden hindurch und staunt stets aufs neue über unerwartete und prächtige Ausblicke, über diesen eindrücklichen Rebberg und die fast noch eindrücklicheren Bergriesen dahinter. Doch allzu sehr schreckt einen die Steilheit nicht, es sei denn, man ist nicht schwindelfrei.

Auf dem Rebenweg und zur Sankt-Jodern-Kellerei

Unterwegs kann man auf Informationstafeln viel Wissenswertes über den Rebberg und die Region lesen: Etwa, dass Visperterminen 43 Hektar Rebfläche hat, die als höchster Weinberg Europas berühmt geworden sind. Sechzig Prozent der Trauben sind weiss, fast die Hälfte davon ist Heida, «die Perle der Alpenweine», wie er etwas schwärmerisch genannt wird. Daneben werden Chasselas und ein wenig Resi angepflanzt, eine uralte Sorte, deren eher säuerlicher Wein besonders gut zu Käsespeisen wie Fondue und Raclette passt. Früher gehörte der Landwein hier zu den alltäglichen Lebensmitteln, er war praktisch Grundnahrungsmittel, und es gab keinen Senn, der nicht stets eine weingefüllte Feldflasche im Rucksack gehabt hätte. 1977 war dann ein so gutes Weinjahr, dass man viel zu viele Trauben hatte, die kein Produzent abkaufen wollte. Aus der Not heraus gründete man eine Genossenschaft, um selbst Wein zu produzieren – das war der Grundstein der Sankt-Jodern-Kellerei, die heute Trauben aus dem ganzen vorderen Vispertal verarbeitet.

Der Lehrpfad endet bei der Postautohaltestelle «Bächji». Von hier aus fährt ungefähr jede Stunde ein Postauto zurück nach Visp Post. Oder noch besser: In zehn Gehminuten der Strasse entlang erreicht man die Sankt-Jodern-Kellerei, wo man zu den üblichen Öffnungszeiten ein Glas Heida degustieren kann.

Die Extras

Weindegustation

Die Sankt-Jodern-Kellerei in Visperterminen wurde 1979 als Genossenschaft gegründet, 1980 wurde der Keller gebaut. Heute produziert sie zwölf verschiedene Weine, das Aushängeschild ist aber nach wie vor der Heida, der als «Normaler», als leicht süsser «Melodie» und als gehaltvoller «Barrique» gekeltert wird. Direktverkauf und Degustation Montag bis Freitag 8 bis 12 und 13.30 bis 17.30 Uhr, Samstag 9 bis 12 und 13.30 bis 16 Uhr. Telefon +41 (0)27 946 41 46, www.jodernkellerei.ch.

Schmale Wege verlangen Trittsicherheit.

Museum

Im Wohnmuseum von Visperterminen sieht man, wie bis 1985 eine einheimische Familie wohnte. Das Haus stammt aus dem Jahr 1701 und wurde im Lauf

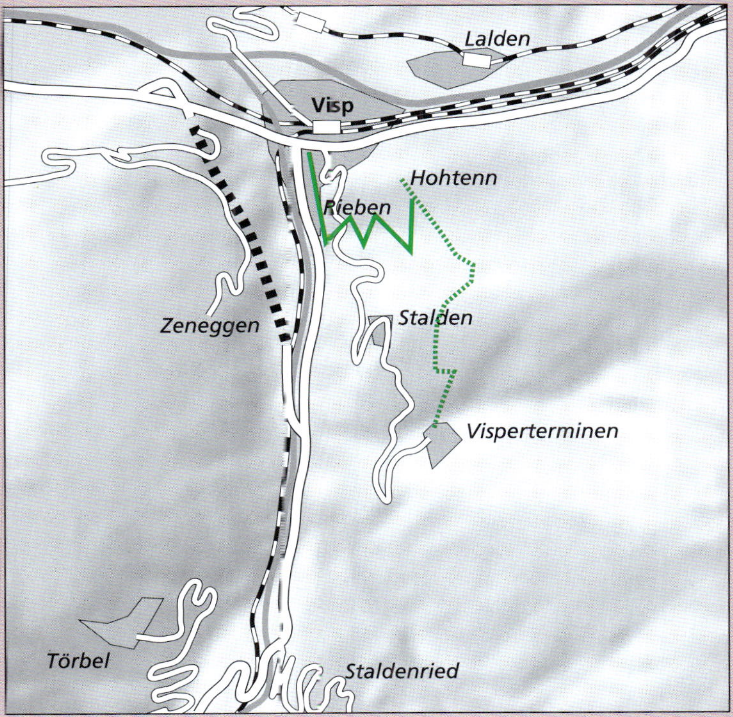

Auf den Spuren des Heida

Heida – der Name klingt fremd in den Ohren. Das soll er auch, denn das alte Wort bedeutet «fremd» oder «fremdländisch». Es waren die Römer, die neben vielen anderen fremdländischen Pflanzen auch den Rebstock aus Kleinasien nach Europa brachten. Im Tal des Rotten (Rhone) siedelten damals keltische Stämme. Das Tal wurde von Octodurum, dem heutigen Martigny, bis nach Leuk hinauf romanisiert. Weiter talaufwärts hielten sich keltische Volksstämme. Um das Jahr 800 kamen über die Gemmi und die Grimsel alemannische Volksgruppen ins Rhonetal, wo sie wohl zum ersten Mal in ihrem Leben die Rebe mit ihren süssen Früchten sahen. Mit ihrer Frage nach diesem fremdländischen Gewächs gaben sie der Frucht auch gleich den Namen. «Heida», also fremd, unbekannt, nicht alltäglich. Im französischen Wallis heisst er übrigens «païen», was dasselbe bedeutet. Der Begriff wird auch in anderem Zusammenhang gebraucht. So spricht der Oberwalliser von «Heidu-Häusern», wenn er eine fremde Bauweise meint. Und von einem «Heido-Lärm», wenn es ungewöhnlich laut zu und her geht.

Der Heida ist eine Spezialität des Oberwallis, die besonders gut auf trockenen, stark kalkhaltigen Sandböden gedeiht. Die Traube gehört zur Familie des Traminers, der im Elsass auch Savagnin jaune genannt wird. Sie ist eine Rarität und ergibt dank starker Herbstsonne und Föhn einen fruchtigen Wein mit überdurchschnittlichem Säure- und Zuckergehalt. Heida passt gut zu Käsegerichten und zu Trockenfleisch, ist aber auch ein exklusiver Aperitifwein. Auch Prominente schätzen ihn. Rocklady Tina Turner soll nach einem Basler

der Jahrhunderte immer wieder verändert. Besichtigung Mittwoch 16 bis 17 Uhr, Anmeldung im Tourist Office, Telefon +41 (0)27 948 00 48, www.visper terminen.ch.

Restaurants

- Talstation der Rothorn-Sesselbahn (1336 Meter über Meer): Hotel Rothorn mit Restaurant und 21 Zimmern, Telefon +41 (0)27 946 30 23, kein Ruhetag.
- Visperterminen, im alten Dorfteil: Restaurant Heida, Telefon +41 (0)27 946 20 57, Ruhetag Dienstag. Urchige Beiz, in der die einheimischen Weine glasweise ausgeschenkt werden; in der Saison gibt es «Brissolet», ein «Plättli» mit jungem Käse, Wurst, Kastanien und jungem Wein.

Die Rebberge von Visperterminen sind eingebettet in wilde Täler.

■ Bergrestaurant Giw, Telefon +41 (0)27 946 36 48. Gepflegte Küche auf dem Gipfel auf 2000 Meter Höhe, erreichbar mit der Sesselbahn. Ausgangspunkt für schöne Wanderungen.

Besonderes

■ Jeden ersten Samstag im September laden die Terbiner Weinbauern zum «Wii-Grill-Fäscht», einer kulinarischen Wanderung durch den Rebberg. («Wii-Grill» wird hier die «Weingrille», die Gottesanbeterin genannt.) Serviert werden sechs Gänge eines Menüs samt den passenden Weinen. Das Fest ist auf zweitausend Personen beschränkt und jeweils schon ein Jahr im Voraus ausgebucht. Auskunft: Visperterminen Tourist Office, Telefon +41 (0)27 948 00 48.

Gastspiel nach ihrem Lieblingswein Heida verlangt haben – sie löste damit eine fieberhafte Suche in ganz Basel aus, bis schliesslich ganze sechs Flaschen aufgetrieben waren. Und auch Roger Moore alias James Bond hat nach Filmaufnahmen im Wallis von diesem Wein geschwärmt.
Man sagt, dass nach einem Glas Heida zwischen den einheimischen Terbinern und dem fremden Gast rasch der Abstand, nicht aber der Anstand schwinde. Und dass er zuerst in den Beinen und erst dann im Kopf wirke. Vielleicht bleibt man deshalb in Visperterminen so gerne so lange sitzen.

■ Weitere Wander- und Themenwege rund um Visp: Kapellenweg in Visperterminen und Raron, Brotlehrpfad in Törbel, Birkenlehrpfad in Bürchen, Planetenweg Visp–Stalden, Frauen-Zitatenweg in Unterbäch, Heilpflanzen- und Bachblütenlehrpfad Mund–Eggerberg–Ausserberg, kulinarisches Heida-Schneeschuhwandern ab Visperterminen.

■ Im nahe gelegenen Dorf Mund auf der anderen Seite des Rhonetals wächst der einzige Safran Mitteleuropas. In Spitzenjahren wird bis zu einem Kilogramm des «roten Golds» geerntet. Er kann nicht gekauft, wohl aber im Munder Safranbrot und im Munder Risotto gekostet werden.

Informationen und Unterlagen zu Wanderungen, Unterkunft, Sommer- und Winterveranstaltungen: Visp Tourismus, Telefon +41 (0)27 948 33 33, www.visp.ch; Visperterminen Tourismus, Telefon +41 (0)27 948 00 48, www.visperterminen.ch.

Die wichtigsten Rebsorten der Westschweiz

■ Weisswein

Amigne

Alte einheimische Rebsorte, die fast nur noch im Mittelwallis um die Gemeinde Vétroz angebaut wird. Ihre Weine sind vornehm und kraftvoll mit zartwürzigem Geschmack. Oft werden aus ihr auch ausgezeichnete Spätlesen gekeltert.

Arvine (Petite Arvine)

Auf die Römerzeit zurückgehende autochthone Rebsorte des Wallis, aus der wunderbare Weine entstehen können, die zu den besten des Wallis gehören. Sie besitzen ein charakteristisches Bouquet von Zitrusfrüchten, Ananas und Rhabarber. Typisch ist auch ein leicht salziger Abgang.

Chardonnay

Diese aus dem Burgund stammende Rebsorte hat sich über den ganzen Erdball ausgebreitet und ergibt je nach Klima, Lage und Kellertechnik sehr unterschiedliche Weine.

Chasselas (Fendant, Gutedel)

Eine der ältesten Kulturreben überhaupt. Ihr Ursprung liegt wahrscheinlich in Ägypten. Nennenswerte Bestände gibt es heute nur noch in der Westschweiz, wo sie unbestritten die Weinberge dominiert. Von eher neutralem Eigencharakter besitzt sie die unnachahmliche Fähigkeit, ihre Herkunft im Wein zum Ausdruck zu bringen: Die Walliser Fendants sind körper- und alkoholreich, die Weine von den drei Seen eher leicht und süffig und die vom Genfersee oft von finessenreicher Eleganz. Im badischen Markgräflerland nennt man diese Rebe Gutedel.

Ermitage

Siehe Marsanne blanche.

Johannisberg

Siehe Sylvaner.

Marsanne blanche (Ermitage)

Diese Spezialität des Mittelwallis stammt aus den Côtes du Rhône und wird hier Ermitage oder Hermitage genannt. Sie erbringt auf den trockenen, steinigen Hanglagen von Fully und Sion edle trockene Weine hervor, die Kraft und Schmelz verbinden, und grossartige süsse Spätlesen.

Müller-Thurgau (Riesling × Sylvaner)

Wichtigste Rebsorte der Ostschweiz, in der Westschweiz (Genf, Neuenburg) nur als Spezialität. Sie wurde von Herman Müller 1882 gezüchtet und fälschlicherweise für eine Kreuzung aus Riesling und Sylvaner gehalten. Neueste DNA-Analysen haben ergeben, dass die Mutter (Riesling) nicht in Zweifel gezogen werden kann, die Ehre der Vaterschaft aber der sonst weitgehend unbekannten Rebsorte Madeleine royale gebührt. Aus dieser Rebsorte werden frische, elegante Weine mit duftigem Muskataroma gekeltert.

Muscat

Diese in vielen Varietäten weltweit verbreitete Rebsorte wird in der Schweiz nur im Wallis (Sion), in der Waadt und im Kanton Genf als Rarität angebaut. Sie liefert feine, aromatische trockene Weine und süsse Spätlesen.

Petite Arvine

Siehe Arvine.

Sylvaner (Johannisberg)

Nach dem Chasselas die wichtigste weisse Rebsorte des Wallis. Die Herkunft des Sylvaners ist nicht genau geklärt. Wahrscheinlich stammt er aus Transsilvanien (Rumänien) und kam über Österreich nach Deutschland, wo er in Franken, Rheinhessen und in der Pfalz verbreitet ist. Ins Wallis kam er vermutlich vom Schloss Johannisberg im Rheingau und wird hier deshalb Johannisberg oder Gros Rhin genannt. Voll ausgereifte Trauben aus guten Lagen ergeben konzentrierte, bukettreiche Weine, die zu den grossen Spezialitäten des Wallis zählen. Edelsüsse Spätlesen können internationales Niveau erreichen.

Pinot blanc (Weisser Burgunder)

Pinot blanc ist eine Mutation aus dem Pinot gris, der seinerseits aus dem Pinot noir entstanden ist. Er wird in der Westschweiz verbreitet, aber nur in kleinen Mengen angebaut. Die Weine sind süffig und von angenehmer Fruchtigkeit.

Pinot gris (Malvoisie, Grauer Burgunder)

Die Trauben des Pinot gris sind in der Farbe oft fast so dunkel wie jene des Pinot noir, aus dem er als Mutation entstanden ist. Die Weine sind aber immer weiss mit einem schönen Goldton. Im Wallis wird er Malvoisie genannt, hat aber mit den Malvasierweinen aus der Muskatellerfamilie nichts zu tun. Die Weine müssen aus vollreifen Trauben gekeltert werden und sind dann körper- und bukettreich, oft mit ein wenig Restsüsse. Auch vielschichtige Spätlesen mit deutlichen Honignoten können aus Pinot gris gewonnen werden.

Riesling (Petit Rhin)

Diese aus dem Rhein-/Mosel-Gebiet stammende klassische deutsche Rebsorte wird auch im Wallis vereinzelt angebaut. Vor allem um Sion entstehen aus ihr auch beachtliche Süssweine.

Savagnin blanc (Païen, Heida)

Der Walliser Name dieser im französischen Jura und in der Pfalz verbreiteten Rebsorte geht vielleicht auf ihren römischen (heidnischen) Ursprung zurück. Berühmt wurde sie vor allem durch ihre Höhenrekorde in Visperterminen, wo sie bis auf 1200 Meter hinauf angepflanzt wird. Sie wächst aber auch im Mittel- und Unterwallis und erbringt extraktreiche frische Weine.

■ Rotwein

Cornalin (Landroter)

Eine der ältesten Rebsorten Europas. Da sie im Anbau sehr schwierig und anspruchsvoll ist, war sie bis vor kurzem vom Aussterben bedroht. Heute bedeckt sie im Wallis wieder eine Fläche von etwa 50 Hektar. Ergibt dunkelrote, kraftvolle und würzige Weine.

Diolinoir

Schweizer Neuzüchtung aus Rouge de Diolly und Pinot noir. Die Weine sind von intensiver Farbe, hohem Tanningehalt und kräftigem Körper.

Gamaret

Schweizer Neuzüchtung aus Gamay und Reichesteiner (eine weisse Rebsorte). Vor allem im Waadtland wächst die Beliebtheit dieser Sorte bei den Produzenten und Konsumenten. Die Weine sind gut strukturiert, besitzen eine intensive Farbe und eine schöne würzige Fruchtigkeit.

Gamay

Diese aus dem Beaujolais stammende Rebsorte ist in der ganzen Westschweiz (ausser Bielersee und Neuenburg) verbreitet. Ihre Weine besitzen eine leuchtende Farbe, sind leicht und frisch und verströmen verführerische Aromen von saftigen roten Beeren. Oft wird der Gamay mit Pinot noir zu Salvagnin (Waadt) oder Dôle (Wallis) verschnitten.

Garanoir

Wie der Gamaret ist auch der Garanoir eine Schweizer Neuzüchtung aus Gamay und Reichensteiner. Er reift früh und erbringt dunkelrote, sanfte und fruchtbetonte Weine.

Humagne rouge

Ursprünglich wohl aus dem Aostatal stammend, ist diese Rebsorte seit Jahrhunderten im Wallis heimisch und heute eine der wertvollsten Spezialitäten dieses Kantons. Die daraus gekelterten Weine besitzen in der Jugend eine ungezähmte «Wildheit» und Vitalität mit herrlicher Frucht, können aber mit einigen Jahren Reife, Feinheit und Noblesse gewinnen.

Pinot noir (Blauburgunder, Spätburgunder)

Eine sehr alte Rebsorte, die aus dem Burgund stammt und dort Weine hervorbringt, die zu den grössten und edelsten der Welt gehören. Sie ist die wichtigste rote Rebsorte der Schweiz und wird in allen Kantonen angebaut. Die Vielfalt der aus ihr gekelterten Weine ist gross, denn sie reagiert auf Untergrund, Lage, Klima und Kellertechnik ausserordentlich sensibel. Das Spektrum reicht von leichten, süffigen Tischweinen, die jung am besten schmecken, bis zu grossen, im Barrique ausgebauten Lagerweinen, die mehrere Jahre reifen können. Oft wird Pinot noir auch mit Gamay verschnitten.

Syrah

Der Rhonewein schlechthin. Er stammt aus dem Norden der Côtes du Rhône und fand seinen Weg flussaufwärts ins Wallis erst in den zwanziger Jahren des letzten Jahrhunderts. Hier wurde er sehr schnell heimisch und erbringt auf den von der Sonne verwöhnten Hängen tieffarbene, pfefferwürzige Weine von grosser Qualität.

Ortsverzeichnis